Matemáticas

Segundo grado

Matemáticas. Segundo grado fue elaborado en la Dirección General de Materiales y Métodos Educativos de la Subsecretaría de Educación Básica y Normal de la Secretaría de Educación Pública

Supervisión técnica y pedagógica
Subsecretaría de Educación Básica
de la Secretaría de Educación Pública

Apoyo institucional
Departamento de Investigaciones Educativas
del Centro de Investigación y de Estudios Avanzados
del Instituto Politécnico Nacional
Dirección General de Educación Especial (SEP)

Coordinación
Irma Rosa Fuenlabrada Velázquez

Autores
Humberto Jaime De León Pérez, Irma Rosa
Fuenlabrada Velázquez, Néstor Raymundo González Tovar,
María del Rocío Guzmán Miranda,
Zorobabel Martiradoni Galindo, Juan Leove Ortega Pérez

Colaboradora
Ruth Valencia Pulido

Portada
Diseño: Comisión Nacional de Libros de Texto Gratuitos,
con la colaboración de Luis Almeida
Ilustración: *Marcador maya del juego de pelota*;
procede de Chinkultic, Chiapas, diámetro de 55 cm.
Periodo Clásico, 591 d.C.
Museo Nacional de Antropología e Historia, México, D.F.
Reproducción autorizada: Instituto Nacional de Antropología e Historia
y Consejo Nacional para la Cultura y las Artes
Fotografía: Museo Nacional de Antropología e Historia

Servicios editoriales

Ocelote

Edición:
Ocelote/Luis Cortés B.

Diseño gráfico:
Ocelote/Yolanda Pérez Sandoval

Ilustración:
Arno Avilés, Juan Dagdug, Marisol Fernández,
Yolanda Pérez Sandoval,
Romel Rosas, Gabriela Sánchez Téllez,
Claudia de Teresa

Fotografía:
Óscar Necoechea

Primera edición, 1994
Tercera edición, 2000
Cuarta edición, 2001
Tercera reimpresión, 2004 (ciclo escolar 2005-2006)

D.R. © Ilustración de portada: Marcador maya del juego de pelota/INAH-CNCA, México
D.R. © Secretaría de Educación Pública, 1994
       Argentina 28, Centro,
       06020, México, D.F.

ISBN 970-18-6822-6

Impreso en México
DISTRIBUCIÓN GRATUITA-PROHIBIDA SU VENTA

Presentación

Matemáticas
SEGUNDO GRADO

Es un libro de texto gratuito, elaborado en 1994, en sustitución del que, con pocas modificaciones, se había utilizado durante más de diez años.

La renovación de los libros de texto gratuitos es parte del proyecto general de mejoramiento de la calidad de la enseñanza primaria que desarrolla el gobierno de la República. Para cumplir tal propósito, es necesario contar con materiales de enseñanza actualizados, que correspondan a las necesidades de aprendizaje de los niños y que incorporen los avances del conocimiento educativo.

Con la renovación de los libros de texto, se pone en marcha un proceso de perfeccionamiento continuo de los materiales de estudio para la escuela primaria. Cada vez que la experiencia y la evaluación lo hagan recomendable, los libros del niño y los recursos auxiliares para el maestro serán mejorados, sin necesidad de esperar largo tiempo para realizar reformas generales.

Para que estas tareas tengan éxito, es indispensable la opinión de los maestros y de los niños que trabajarán con este libro, así como las sugerencias de madres y padres de familia que comparten con sus hijos las actividades escolares. La Secretaría de Educación Pública necesita sus recomendaciones y críticas. Estas aportaciones serán estudiadas con atención y servirán para que el mejoramiento de los materiales educativos sea una actividad sistemática y permanente.

Maestro

El contenido matemático de este libro está pensado para los niños de segundo grado. Sin embargo, es indispensable que el maestro guíe la lectura y el trabajo propuestos en las lecciones. Para mayor información puede consultar el *Libro para el maestro*.

A continuación se dan algunas recomendaciones importantes:

— Lea con ellos los títulos y las instrucciones que aparecen en cada lección. Para casi todas las lecciones hay otras preguntas o actividades que se pueden plantear y que enriquecen el aprendizaje.

— Para aprender matemáticas, sobre todo en los primeros grados, es importante que los niños jueguen, discutan y realicen varias actividades con materiales concretos, antes de trabajar con el libro.

— Para facilitar la realización de las actividades que se sugieren tanto en este libro como en el *Libro para el maestro* y en el *Fichero de actividades didácticas*, cada niño recibe el material recortable de matemáticas que incluye, además del que los alumnos pegan en su libro, una gran parte de material para realizar actividades.

El material para actividades se usa varias veces a lo largo del año. Es importante que esté bien cortado, por lo que se recomienda que con la colaboración de los padres de familia se recorte al empezar el curso y se guarde en el salón, en un espacio que los niños irán reconociendo como Rincón de las matemáticas.

Para los niños puede ser divertido aprender, y para lograrlo necesitan jugar, comentar y equivocarse sin temor. Esperamos que disfrute con ellos este libro.

Índice

BLOQUE

uno

Para aprender matemáticas debes hacer muchas actividades y para realizarlas vas a usar diferentes materiales. Algunos están en tu libro *Recortable*. Otros, como mecates, tapas de frascos o piedritas los puedes conseguir tú mismo.

- Elijan un lugar del salón para colocar los materiales.
- Organicen todos los materiales en cajas.
- Pongan letreros en las cajas para que sepan cuál material tiene cada caja.
- Cada semana nombren a cuatro niños responsables del Rincón de las matemáticas.
- A medida que avance el año, agregarán materiales al Rincón de las matemáticas.

- Toma del Rincón de las matemáticas el **Tangram** y construye un conejo más grande.

- En el dibujo de arriba marca en qué lugar quedaron el triángulo mediano y el cuadrado del **Tangram**.

- Coloca el conejo que construiste con el **Tangram** sobre una hoja blanca y marca el contorno para que obtengas el dibujo del conejo.

- Sobre una hoja blanca construye otras imágenes con el **Tangram**. Marca el contorno para que tengas el dibujo de lo que construiste.

¿Lo sabes o no lo sabes?

Observa el dibujo y contesta si puedes saber o no lo que se pregunta.

	SÍ	NO
¿Cuántos borregos hay?		
¿Quién se encuentra atrás del señor?		
¿Cuántos años tiene el niño?		
¿Cuántos pájaros están comiendo maíz?		
¿Cuántas personas se encuentran dentro de la tienda?		
¿Quién se encuentra arriba del tractor?		

10

● ¿Qué hay más,
hormigas rojas u
hormigas negras?

_____

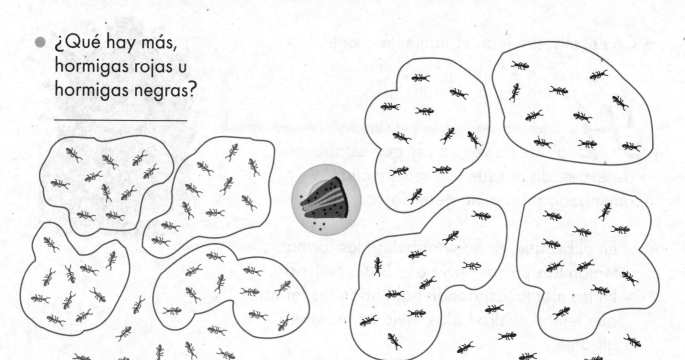

● Encierra las hormigas
de 10 en 10.
¿Qué hay más,
hormigas rojas u
hormigas negras?

_____

¿Cómo se llama el cuento?

● Con el maestro lean el siguiente cuento.

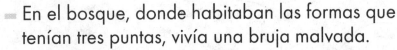

Había una vez un rey que estaba muy desesperado porque tres seres malignos amenazaban su reino geométrico.

- En el bosque, donde habitaban las formas que tenían tres puntas, vivía una bruja malvada.
- En las montañas, donde habitaban las formas que tenían cuatro lados, vivía un monstruo gigante.
- Y en las cavernas tenebrosas, donde habitaban las formas que tenían lados curvos, vivía un dragón de cuatro cabezas.

El rey mandó llamar a sus tres valerosos caballeros y les dijo: "¡Vayan a resolver el problema que están ocasionando esos seres malignos!". Los caballeros emprendieron la marcha...

● Toma del Rincón de las matemáticas las **Figuras geométricas**. Separa las figuras que habitan en el bosque. Arriba del bosque escribe el nombre de las figuras que vivían en ese lugar.

ROMEL ROJAS 94

● De tus **Figuras geométricas** separa las que habitan en las montañas. Abajo, escribe el nombre de las figuras que vivían en ese lugar.

● De tus **Figuras geométricas** separa las que habitan en las cavernas tenebrosas. Abajo, escribe el nombre de las figuras que vivían en ese lugar.

● Escribe el nombre de las figuras geométricas que no habitan en ninguna de las tres regiones del reino.

_____

_____

_____

● ¿Qué título le pondrías al cuento? Escríbelo donde corresponde.
Con el grupo y tu maestro, comenten cómo les gustaría que continuara el cuento.

● Ricardo acompaña a su mamá a comprar los dulces para su fiesta.

▬ Ricardo quiere que le compren treinta y dos dulces. Pide 3 bolsas de dulces ¿Cuántos dulces le faltan? _____

▬ También quiere cincuenta y cuatro paletas. ¿Cuántas tiras de paletas y cuántas paletas sueltas pide? _____

▬ Además, quiere treinta y ocho chocolates. ¿Cuántos botes de chocolates y cuántos chocolates sueltos pide? _____

▬ Ricardo también quiere 6 paquetes de chicles y 7 chicles sueltos. ¿Cuántos chicles quiere Ricardo que le compren? _____

● ¿Qué hay más en el dibujo: dulces, chocolates, paletas o chicles? _____

● ¿Cuántos dulces hay en el dibujo? _____
¿Cuántos chicles? _____
¿Cuántos chocolates? _____
¿Cuántas paletas? _____

- El maestro hace 20 papelitos. En diez de ellos anota el número 10; en los otros diez anota el número 1.
  El maestro muestra al grupo los 20 papelitos y los mete en una bolsa.

- Un niño, sin ver, saca frente al grupo los papelitos que quiera.

- El niño dice al grupo cuántos papelitos sacó con el número 10 y cuántos sacó con el número 1.
  Por ejemplo, Blas dice: "saqué cuatro papelitos con el número 10 y tres papelitos con el 1".

- Los niños del grupo dicen lo más rápido que puedan cuántos papelitos quedaron en la bolsa con el número 10 y cuántos con el número 1. El niño que conteste correctamente calcula, además, la suma de esos números. En el ejemplo de Blas, la suma es 67.

- Al niño que calculó correctamente la suma anterior le toca sacar otros papelitos de la bolsa.

- Se devuelven los papelitos a la bolsa.

● Cuenta de 10 en 10.
¿Cuántos dulces de fresa hay? _____

¿Cuántos de piña? _____

¿Cuántos de limón? _____

● Pinta de amarillo el rectángulo donde hay menos dulces.

¿Cuántos dulces faltan en el rectángulo que pintaste de amarillo para que en los dos rectángulos haya la misma cantidad de dulces? _____

● Pinta de rosa el rectángulo donde hay más dulces.

Tacha los dulces que sobran en el rectángulo que pintaste de rosa para que en los dos rectángulos quede la misma cantidad de dulces.

● Con el grupo y tu maestro, comenten cómo igualaron las cantidades de dulces.

La feria del pueblo

3 pesos

4 pesos

5 pesos

2 pesos

3 pesos

4 pesos

1 peso

3 pesos

- ● Elia y René tienen 15 pesos entre los dos para gastar en la feria. ¿En qué pueden gastar su dinero?

_____

_____

_____

_____

- ● Paco quiere comprar un elote, subir dos veces a la rueda de la fortuna y jugar tres veces a reventar globos. ¿Cuánto va a gastar? _____

- ● Inventa otros problemas que se puedan resolver con los datos del dibujo. Escríbelos y resuélvelos en tu cuaderno.

- ● Con el grupo y tu maestro, comenten los problemas que inventaron.

Rayuela con corcholatas

● Formen equipos de cuatro niños.

● Salgan al patio y tracen en el suelo una línea recta. A cinco pasos de distancia marquen una cruz.

● Parados en la cruz, por turnos, lancen una corcholata para que caiga sobre la línea.
¿A quién le cayó su corcholata lo más cerca de la línea? _____
¿A quién le cayó más lejos? _____

● Por turnos, cada niño se fija en la distancia que hay entre la línea y el lugar donde cayó su corcholata. ¿Crees tú que un borrador quepa tres veces y un cachito en esa distancia? _____ ¿Cuántas veces crees que quepa? _____

● Ahora, ve cuántas veces cabe el borrador en la distancia que hay entre la línea y tu corcholata. ¿Cuántas veces cupo? _____

¿Quién se aproximó más entre lo que creía que medía la distancia y lo que realmente midió?

_____

● Repitan la actividad. En su cuaderno anoten las medidas que vayan obteniendo.

- Con ayuda del maestro coloquen al frente del salón una mesa y pongan el material como se ve en el dibujo.

- Por turnos, un niño pasa al frente y mueve el material como se indica a continuación. Todos vean si lo hace bien.

  La hoja de papel arriba de la mesa y adentro de la caja.
  El sacapuntas adentro de la caja, pero abajo de la hoja de papel.
  La regla adelante de la muñeca.
  Las tijeras adelante de la muñeca, pero atrás de la regla.

- Díganle al compañero que está al frente, dónde quieren ustedes que ponga las otras cosas que se ven en el dibujo.

- Repitan la actividad y acomoden las cosas de otra manera.

Paletería "El Pingüino"

Precios   pesos

Paleta de agua	2
Paleta de leche	3
Helado	5
Nieve	3
Agua	1

Nieves   Helados   Paletas   Aguas

La señora Rocío gastó 12 pesos en paletas y 15 pesos en helados.
Marca entre qué números crees que se encuentre la cantidad que pagó.

entre 16 y 20 pesos		entre 21 y 25 pesos		entre 26 y 30 pesos

¿Cuál es la cantidad exacta que pagó? _____

¿Cuántas paletas compró la señora Rocío? _____

¿Cuántos helados? _____

● Rosalba y sus dos hermanos tienen en total 10 pesos.

¿Cómo pueden gastarse su dinero en la paletería? _____
_____

¿Les sobró dinero? _____

● Trabaja en pareja. Cada quien escoge un número entre 9 y 20. Ese es el dinero que van a gastar en la paletería "El Pingüino".

Escribe cómo podrías gastar ese dinero.
_____
_____

¿Te sobraría dinero? _____
¿Cuánto? _____
Escribe cómo gastó el dinero tu compañero.
_____
_____

● Trabaja en pareja. Fíjense en el dibujo y elijan lo que quieran comprar.
En su cuaderno escriban la lista de la compra y, por separado, cada uno calcule el total del gasto.

Comparen sus resultados.
¿Obtuvieron lo mismo? _____

● Con el grupo y tu maestro, comenten cómo gastaron el dinero en la paletería.

Las piñatas

23 pesos

13 pesos

35 pesos

21 pesos

30 pesos

● Ricardo acompaña a su mamá a comprar las piñatas para su fiesta de cumpleaños.
¿Cuál piñata cuesta más? _____
¿Cuál piñata cuesta menos? _____

● La mamá de Ricardo quiere comprar dos piñatas, pero no puede gastar más de 35 pesos.
¿Qué piñatas puede comprar?

_____

_____

- Ricardo escogió la piñata de payaso y la de zanahoria. Su mamá pagó con 40 pesos. ¿Cuánto le dieron de cambio? _____

- Ordena de menor a mayor los precios de las piñatas. _____
_____

- Escoge dos piñatas que te gusten. ¿Cuáles fueron? _____
_____

  ¿Cuánto tendrías que pagar por las dos?_____

- El papá de Pepe le dio 45 pesos para comprar piñatas. ¿Cuánto le falta o cuánto le sobra para comprar la piñata de barco y la de zanahoria? _____

- Para la fiesta de fin de año, la escuela va a comprar seis piñatas. Escribe las piñatas que tú escogerías._____

  ¿Cuánto gastaría la escuela por tus seis piñatas? _____

¿Cuántas varitas caben?

● Corten una varita del tamaño de un paso. Con ayuda de su maestro dibujen en el patio un camino como el que se ve en la fotografía. Después coloquen un bote sobre el camino.

● Observa la distancia que hay entre la salida y el bote. ¿Crees que la varita quepa casi veinte veces en esa distancia? _____
¿Cuántas veces crees que quepa? _____

● Para ver si le atinaste a la medida, pasen dos niños a medir con la varita el camino que hay entre la salida y el bote.
¿Cuánto midió? _____
¿Lo que creías que medía la distancia de la salida al bote se acercó a lo que realmente midió? _____

● Repitan la actividad. Coloquen el bote en otro lugar del camino.
En su cuaderno anoten lo que crean que mide la distancia y lo que realmente midió.

- Observa la fotografía.
  ¿Quiénes están comparando la parte plana de un cuaderno con la parte plana de una caja? _____

  ¿Qué parte plana es más grande: la del cuaderno o la de la caja?

  _____

- Compara la parte plana de tu cuaderno con la parte plana de otros objetos del salón y escribe tus resultados en la tabla.

Objetos que tienen una parte plana más chica que la del cuaderno	Objetos que tienen una parte plana más grande que la del cuaderno

- ¿Qué es más grande, la parte plana del pizarrón o la parte plana de la puerta de tu salón? _____
  ¿Qué puedes hacer para estar seguro de tu respuesta? _____
  _____

El fin de semana

- Fernando y Luis quieren divertirse.
  Se ponen de acuerdo para entrar juntos al mismo lugar.

¿Cuánto pagarán si quieren ir al circo?	¿Cuánto pagarán si quieren ir al futbol?	¿Cuánto pagarán si quieren ir a los títeres?
_____	_____	_____

- El jueves, Jorge y sus tres hermanos fueron al circo. El sábado fueron sus tres primos. ¿Quién gastó más en el circo: Jorge y sus hermanos o sus primos? _____

- Escoge del dibujo tres lugares donde puedas ir a divertirte con 30 pesos. _____

26

- María fue con sus papás al cine. Su papá le dio 50 pesos para pagar las entradas. ¿Cuánto dinero le regresó María a su papá?

_____

precios   pesos

Palomitas   5
Gomitas   4
Helados   4
Refrescos   3
Pistaches   6
Chocolates   2
Cacahuates   5

- En el intermedio María fue a la dulcería.

  ¿Qué cosas hay arriba del mostrador?

  _____

  ¿Qué hay a la derecha de María? _____

  ¿Dónde se encuentran los refrescos? _____

  ¿Qué hay abajo de los chocolates? _____

- Organícense con su maestro para ver quiénes pueden saber rápidamente cuánto gastaría María si en la dulcería compra:

3 bolsas de palomitas	1 bolsa de pistaches y 1 chocolate
1 helado y 1 bolsa de palomitas	3 refrescos y 1 bolsa de cacahuates
1 bolsa de gomitas y 2 refrescos	2 chocolates y 1 helado

- ¿Cerca de tu casa hay lugares en los que puedes divertirte? Escríbelos aquí. _____

_____

A comprar paletas

- En la paletería "El Pingüino":
  ¿Cuánto pagas si compras
  6 paletas de agua?

  _____

  ¿Cuánto pagas si compras 5
  helados? _____
  ¿Qué puedes comprar en la
  paletería con 15 pesos?

  _____

  _____

  ¿Cuántos helados puedes
  comprar si tienes 25 pesos?

  _____

  ¿Qué cuesta más: 3 helados o
  5 paletas de agua? _____
  ¿Cuántas paletas de agua puedes comprar con 18 pesos? _____
  ¿Puedes comprar 7 paletas de agua si tienes 15 pesos? _____
  ¿Cuánto te falta para comprar 3 helados si tienes 12 pesos?

  _____

	pesos
paleta de agua	2
paleta de leche	3
nieve	3
helado	5
aguas frescas	1

- Compara tus respuestas con las de tus compañeros.

- Cuenta los palitos de las paletas y completa la serie.

	4			10		14		

Se venden mangos

Don Refugio vende cajas con cien mangos, bolsas con diez mangos y mangos sueltos. Meche y Luis son hijos de don Refugio y le ayudan a empacar los mangos.

● ¿Cuántas bolsas y cuántos mangos sueltos tiene cada niño?

		Bolsas	Mangos sueltos
Meche			
Luis			

● Meche y Luis juntaron sus bolsas. Su papá les dijo que pusieran diez bolsas en cada caja. ¿Cuántas cajas llenaron?_____
¿Cuántas bolsas quedaron fuera de las cajas?_____
Meche y Luis juntaron los mangos que tenían sueltos y metieron diez mangos en cada bolsa.
¿Cuántos mangos quedaron fuera de las bolsas?_____

● Trabaja en equipo. Tomen del Rincón de las matemáticas sus tarjetas de **Los mangos**. Revuelvan las tarjetas de bolsas y mangos y hagan un montón. Tomen las quince primeras tarjetas y juntos vean cuántas cajas y bolsas pueden formar con esas tarjetas.

● Regresen las tarjetas al montón, revuélvanlas y repitan la actividad.

● Copia otro tren igual y píntalo.

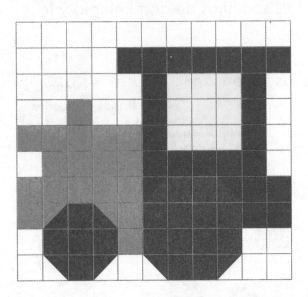 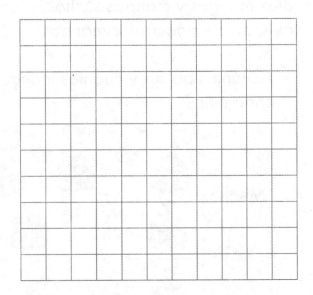

¿Qué ocupa más cuadritos: la caseta roja del tren o la llanta grande?

_____

● Pinta, en el cuadrado de la derecha, otro mosaico igual.

 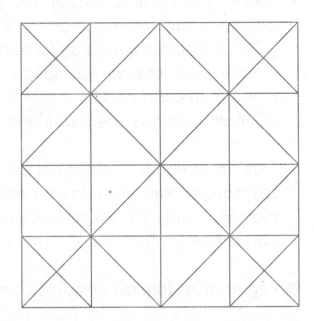

El mismo mecate

- Corten un mecate que mida 41 borradores. Amarren las dos puntas del mecate y salgan al patio.

- Entre cuatro niños formen con el mecate un rectángulo sobre el suelo para que otros dos niños marquen con gis todo el contorno del rectángulo. Escriban el nombre de la figura.

- Con el mismo mecate amarrado formen un triángulo, un cuadrado y otras figuras. Márquenlas en el suelo y pongan el nombre de cada figura.

¿Todas las figuras tienen la misma forma? _____ ¿Creen que el contorno del rectángulo mide lo mismo que el contorno del triángulo o del cuadrado? _____ ¿Por qué? _____

- Con el borrador midan el contorno de cada figura y comparen los resultados con las respuestas anteriores.

Calcula y gana

● Formen equipos de cuatro niños. Tomen del Rincón de las matemáticas la **Cuadrícula numérica** y los **Dados rojo y azul**. Realicen el siguiente juego.

Por turnos, cada jugador tira sus dados, uno rojo y uno azul. Avanza 10 cuadros por cada punto del rojo y un cuadro por cada punto del azul. Después de avanzar en cada tirada, dice cuántos cuadros le faltan para llegar a la siguiente decena. Si acierta, avanza el número de cuadritos que dijo; si no, se regresa a la decena anterior.

Gana el primero que llegue al 100.

● Con la **Cuadrícula numérica** completa la tabla.

Estás en el número:			¿A dónde llegas?
40	4	2	
15	3	5	
58	1	4	
67	2	6	
35			100

● Si estás en el número 30 de la **Cuadrícula numérica** y avanzas hasta el 52.

¿Cuántos puntos salieron en el dado rojo?_____

¿Cuántos puntos salieron en el dado azul?_____

● Si estás en el número 49 de la **Cuadrícula numérica** y avanzas hasta el 75.

¿Cuántos puntos salieron en el dado rojo?_____

¿Cuántos puntos salieron en el dado azul?_____

La piedra rodante

● Une cada cavernícola con el lugar que ocupa.

| QUINTO | TERCERO | NOVENO | SEXTO | PRIMERO | SÉPTIMO | OCTAVO | SEGUNDO | CUARTO |

● Al frente del salón, quince niños se forman uno atrás del otro, por estaturas. Dicen en voz alta en qué lugar están: primero, segundo y así hasta el decimoquinto.
Escribe el nombre de los compañeros que están en el:
8° lugar _____ 12° lugar _____ 13° lugar _____

● Los niños que están formados dan media vuelta. Ahora el más alto es el primero.
Escribe el nombre de los compañeros que están en el:
8° lugar _____ 12° lugar _____ 13° lugar _____

Basta numérico

Organícense con su maestro para jugar Basta numérico.

● Formen equipos de cuatro niños. Dibujen en su cuaderno una tabla como la de la derecha.

	+3	+8	+5	+7	+9	Resultados correctos
4						

● El que inicia el juego dice un número menor que diez y todos lo anotan en el primer cuadro del segundo renglón. Por ejemplo 4.

	+3	+8	+5	+7	+9	Resultados correctos
4	7	12	9	10	13	4

● En el siguiente cuadro anoten el resultado de sumar el número que escribieron con el número que está arriba. Hagan lo mismo con los otros números.

● El primero que complete el renglón dice ¡Basta!, y todos dejan de escribir.

● Revisen los resultados y anoten cuántos tuvieron bien.

● Sigan así hasta que todos hayan dicho un número para empezar a calcular las sumas.

● Gana el que al final tenga más resultados correctos.

dos

▪▪ Toma del Rincón de las matemáticas **Las gallinas** y construye un mantelito más grande que el de Raquel.

▪▪ Construye otra vez el mantelito, ahora todo de color amarillo.

▪▪ Encuentra en el mantelito la forma siguiente.

▪▪ Encuentra en el mantelito la forma siguiente.

¿Cuántas veces se repite esta forma en el mantelito? _____

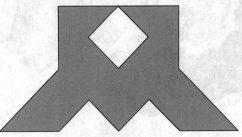

¿Cuántas veces se repite esta forma en el mantelito? _____

Organícense con su maestro para jugar a La papa caliente.

▪ Formen equipos de diez niños. Cada equipo toma del Rincón de las matemáticas una calculadora y un trapo.

▪ Háganle un nudo al trapo. Este trapo es la papa caliente.

▪ En el patio, cada equipo forma un círculo. El niño que tiene la calculadora se coloca dentro del círculo y el que tiene la papa caliente la arroja a un compañero al mismo tiempo que dice un número, por ejemplo 2.

▪ El niño que recibe la papa caliente aumenta 2 al número que dijo su compañero y dice 4; le avienta la papa a otro niño y el que la recibe dice 6. Así, hasta llegar a 50.

▪ El niño que tiene la calculadora verifica que los números que dicen sus compañeros sean los correctos.

▪ Si alguien se equivoca al decir el número o se le cae la papa caliente deja una prenda y sigue jugando.

▪ Después pueden iniciar la serie otra vez, o aumentar 5 cada vez para decir 5, 10, 15, hasta el 50.

▪ Al finalizar el juego, los niños que hayan dejado alguna prenda bailan o cantan.

Mangos y más mangos

Organícense con su maestro para realizar el siguiente juego.

■ Formen equipos de cuatro niños y tomen del Rincón de las matemáticas sus tarjetas **Los mangos** y dos dados azules del material recortable **Dados rojo y azul**.

– Los niños del equipo se colocan en rueda. Uno de los niños va a ser "el manguero" y toma todas las tarjetas.

– Por turnos, los otros niños tiran los dados. Por cada punto que salga en los dados "el manguero" les da una tarjeta con un mango.

– Cada vez que tengan diez tarjetas con un mango deben cambiarlas con "el manguero" por una tarjeta con una bolsa.

– Cada vez que tengan diez tarjetas con una bolsa las deben cambiar por una tarjeta con una caja de mangos.

– Gana quien obtenga primero una tarjeta con una caja de mangos.

Las cantidades de mangos que ganaron en un equipo fueron las siguientes:

Cantidades de mangos		Cajas	Bolsas	Mangos
Tania				
Sarita				
Javier				

¿Cuántos mangos ganó Tania?_____

¿Cuántos Javier?_____ ¿Cuántos Sarita?_____

¿Cuántos mangos le faltan a Tania para formar otra bolsa?_____

¿Quién tiene más mangos?_____

Tania y Javier juntan sus mangos. ¿Cuántas cajas y bolsas de mangos tienen?_____

10 mangos = 1 bolsa	10 bolsas = 1 caja
10 unidades = 1 decena	10 decenas = _____

■■ Once niños del grupo hacen cada uno un letrero, como los siguientes:

| Salida | 1 palo | 2 palos | 3 palos | 4 palos | 5 palos |

| 6 palos | 7 palos | 8 palos | 9 palos | 10 palos |

■■ Junto con el maestro, el resto del grupo trace en el patio un camino derecho que mida 10 palos de escoba.

■■ Los niños que tienen los letreros **Salida** y **10 palos** se colocan al inicio y al final del camino. ¿Crees que la distancia entre los dos niños mida 10 palos? _____

■■ El niño que tiene el letrero **5 palos** se coloca en el camino en donde él crea que hay una distancia de 5 palos a partir de la salida. ¿Crees que tu compañero está bien colocado?

_____

¿Se pasó?

_____

¿Le faltó?

_____

Para que sepan si el niño del letrero **5 palos** se colocó bien, midan con el palo la distancia entre la salida y ese niño. Si el niño estaba mal colocado, que se ponga en el lugar correcto y que permanezca ahí mientras dura la actividad.

Por turnos, como aparece el orden en la tabla, los niños que tienen los otros letreros se colocan en el camino. Antes de medir con el palo, anoten en la tabla cómo creen ustedes que se colocó su compañero.

	Creo que está bien colocado	Creo que se pasa	Creo que le falta	Aciertos
7 palos				
3 palos				
9 palos				
2 palos				
1 palo				
4 palos				

El puesto de juguetes

La mamá de Oriana, Rodrigo y Jorge compra
en el puesto de juguetes 3 coches y 2 pelotas.
Paga con un billete de 100 pesos.
¿Cuánto le regresan de cambio? _____

Rodrigo tiene 15 pesos y quiere
comprar 3 juguetes iguales.
¿Qué juguetes puede comprar Rodrigo?

_____

¿Le sobró dinero? _____
¿Qué podrías comprar con 40 pesos en el puesto de juguetes?

_____

_____

■■ Organícense con su maestro para que digan qué juguetes de los que están en la tabla les gustaría comprar. Cada vez que escojan un juguete, pinten un rectángulo de la hilera a la que pertenece.

■■ ¿Cuál fue el juguete que al grupo le gustó más? _____

■■ ¿Qué les gustó más: las pelotas o los yoyos? _____

Dilo con cartoncitos

Toma del Rincón de las matemáticas **Los cartoncitos** y completa.

¿Cuántos cuadritos tiene un cuadrado grande?

_____

¿Cuántos cuadritos tiene una tira?

_____

Une el nombre con la cantidad de mangos y cuadritos que le corresponde.

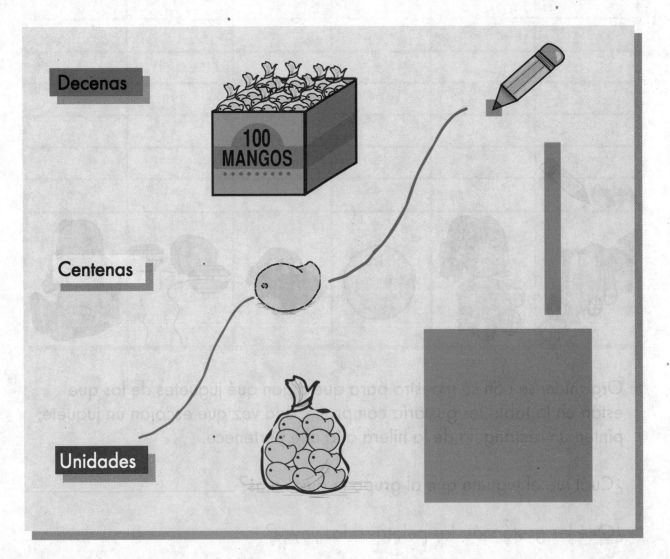

Decenas

100 MANGOS

Centenas

Unidades

Cambia las cantidades de cartoncitos por mangos.
Completa la tabla.

Cantidad de cartoncitos	cajas	bolsas	mangos sueltos
3 tiras, 2 cuadrados grandes y 6 cuadritos			
1 cuadrado grande y 2 tiras			
2 cuadritos y 1 cuadrado grande			
5 cuadritos y 4 tiras			

Realicen los juegos que hicieron en la primera parte de la lección *Mangos y más mangos*, usando ahora **Los cartoncitos** y un par de dados azules.

— Por cada punto del dado, ganan un cuadrito.
— 10 cuadritos se cambian por una tira.
— 10 tiras se cambian por un cuadrado grande.

Pinta las 5 flores que faltan.

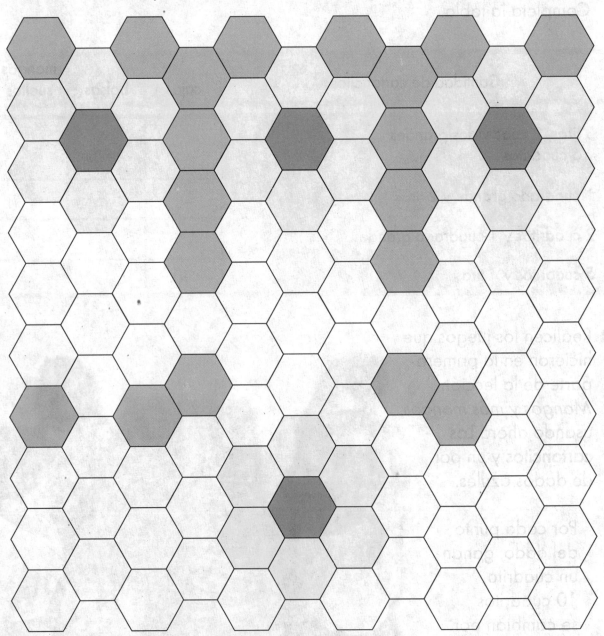

Termina de pintar el tapete con color azul.

¿Qué hay más, hexágonos azules o hexágonos amarillos? _____

■■ Toma del Rincón de las matemáticas el **Tangram** y construye un ganso más grande.

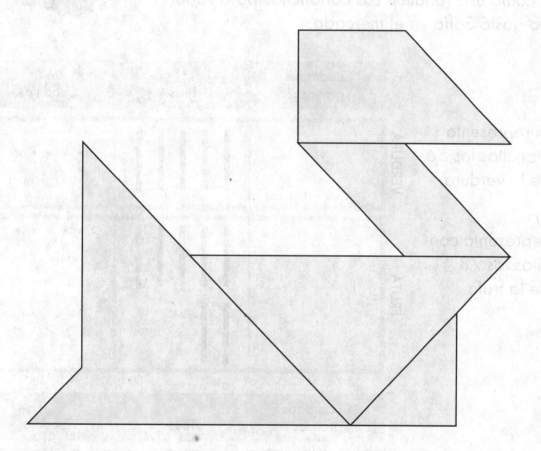

■■ En el dibujo de arriba marca en qué lugares quedaron los dos triángulos chicos, el triángulo mediano y los dos triángulos grandes del **Tangram**.

■■ Con el **Tangram** construye otra vez el ganso sobre una hoja blanca. Marca el contorno del ganso para que quede su dibujo en la hoja.

■■ En otra hoja blanca construye otra figura con el **Tangram**. Marca el contorno de la figura y dale tu dibujo a un compañero para que él coloque las piezas en el lugar donde van.

Tonatiuh suma

Sofía compra en el mercado 56 pesos
de verdura y 78 pesos de fruta.
Fíjate cómo usa Tonatiuh **Los cartoncitos** para saber
cuánto gastó Sofía en el mercado.

Tonatiuh representa
con cartoncitos los 56
pesos de la verdura.

Luego representa con
cartoncitos los 78
pesos de la fruta.

Cuadrados grandes	Tiras	Cuadritos
VERDURA		
FRUTA		

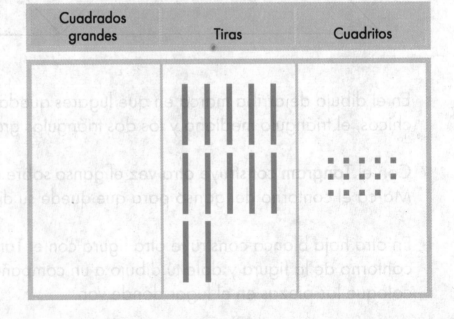

Tonatiuh junta todos
los cuadritos y
obtiene 14.
Junta todas las tiras
y obtiene 12.

Cuadrados grandes	Tiras	Cuadritos

Tonatiuh cambia 10 de los cuadritos por una tira y la pone en el lugar de las tiras. También cambia 10 de las tiras por un cuadrado grande y lo pone en el lugar de los cuadrados grandes.

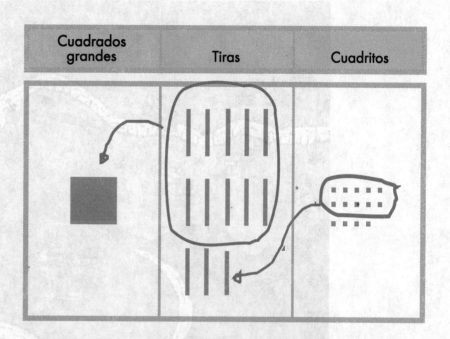

Al final a Tonatiuh le queda un cuadrado grande, tres tiras y cuatro cuadritos. Ya sabe que Sofía gastó 134 pesos en el mercado.

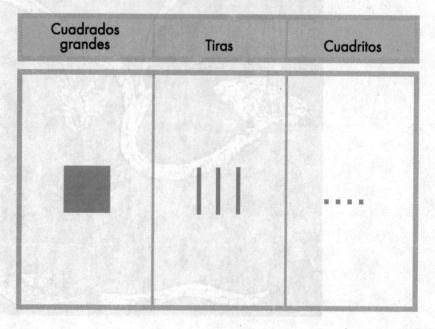

Resuelve los problemas de suma que te va a poner tu maestro. Usa **Los cartoncitos** para hacer las cuentas.

Cuidemos el agua

■■ Con el grupo y tu maestro, comenta por dónde pasa cada río.

■■ Pinta de azul el río que va de la cascada a la ciudad iluminada.

■■ Pinta de verde el río que va de las vacas a la casa.

■■ Pinta de negro el río contaminado.

■■ De los ríos que pintaste, ¿cuál crees que es el más largo?

_____

Utiliza cordón para ver si le atinaste.

Las partes de una caja

■■ Con el grupo y tu maestro, comenten lo que crean que están haciendo los niños de la fotografía.

■■ Formen equipos de cuatro niños. Tomen cuatro cajas diferentes.

■■ Cada niño toma una caja y, sobre una hoja de papel, marca el contorno de cada una de las partes planas de la caja.

■■ Cada niño recorta las figuras que marcó en el papel.

■■ ¿En las figuras que tú recortaste hay cuadrados? _____
¿Hay rectángulos? _____ ¿Hay triángulos? _____
■■ ¿Qué otras figuras resultaron? _____
_____

Cuando todos terminen, junten y revuelvan todas las figuras que recortaron en el equipo.

Ahora elijan una caja diferente a la que tomaron al principio de la actividad y busquen todas las figuras que pertenecen a esa caja.

Para que vean si tomaron las figuras correctas, colóquenlas sobre las partes planas de la caja que eligieron.

Tonatiuh resta

Aidé tenía 145 pesos y gastó 58 en la papelería. Fíjate cómo usa Tonatiuh **Los cartoncitos** para saber cuánto dinero le sobró a Aidé.

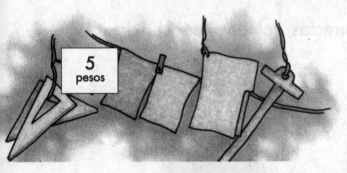

Tonatiuh pone con cartoncitos los 145 pesos que tenía Aidé. Luego escribe en un papelito el número 5 y en otro el 8, para representar los 58 nuevos pesos que gastó Aidé. Coloca cada papelito en el lugar de las tiras y en el de los cuadritos.

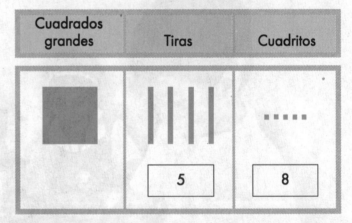

Cuadrados grandes	Tiras	Cuadritos
	5	8

Tonatiuh tiene que quitar 8 cuadritos. Como sólo tiene 5, toma 1 tira y la cambia por 10 cuadritos. Ahora tiene 15 cuadritos.

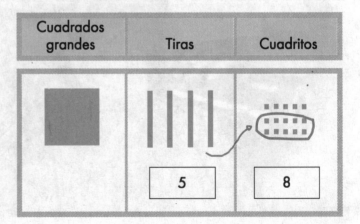

Cuadrados grandes	Tiras	Cuadritos
	5	8

Tonatiuh quita 8 cuadritos y le quedan 7. También quita el papelito del 8. Ahora tiene que quitar 5 tiras, como sólo tiene 3, toma el cuadrado grande y lo cambia por 10 tiras. Ahora tiene 13 tiras.

25 pesos

28 pesos

Cuadrados grandes	Tiras	Cuadritos
	5	

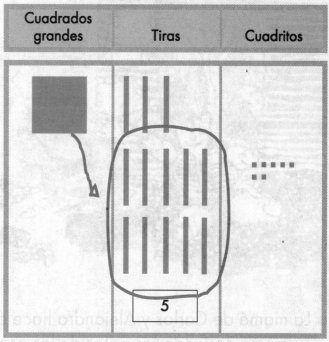

Tonatiuh quita 5 tiras y le quedan 8. También quita el papelito del 5.
Al final le quedan 8 tiras y 7 cuadritos. Así sabe que a Aidé le sobraron 87 pesos.

Cuadrados grandes	Tiras	Cuadritos

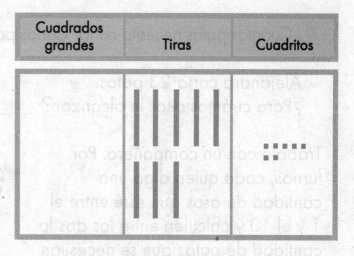

Resuelve los problemas de resta que te va a poner tu maestro.
Usa **Los cartoncitos** para hacer las cuentas.

Los osos de peluche

La mamá de Carlos y Alejandra hace osos de peluche. Los niños ayudan a su mamá cortando las patas de los osos.

— ¿Cuántas patas necesita cortar Carlos para hacer cinco osos? _____

— Alejandra corta 23 patas.
    ¿Para cuántos osos le alcanzan? _____

Trabaja con un compañero. Por turnos, cada quien diga una cantidad de osos que esté entre el 1 y el 10 y calculen entre los dos la cantidad de patas que se necesitan para hacer esos osos. Registren los resultados en sus cuadernos.

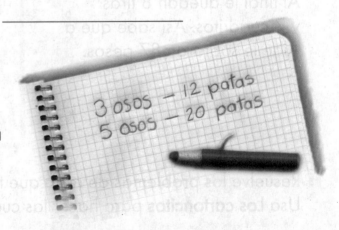

3 osos — 12 patas
5 osos — 20 patas

El tapete de tres colores

■ Pinta las 4 cruces rojas y las 3 cruces azules que faltan.

■ Termina de pintar el tapete con color amarillo.

■ ¿Qué hay más, hexágonos rojos y azules o hexágonos amarillos?

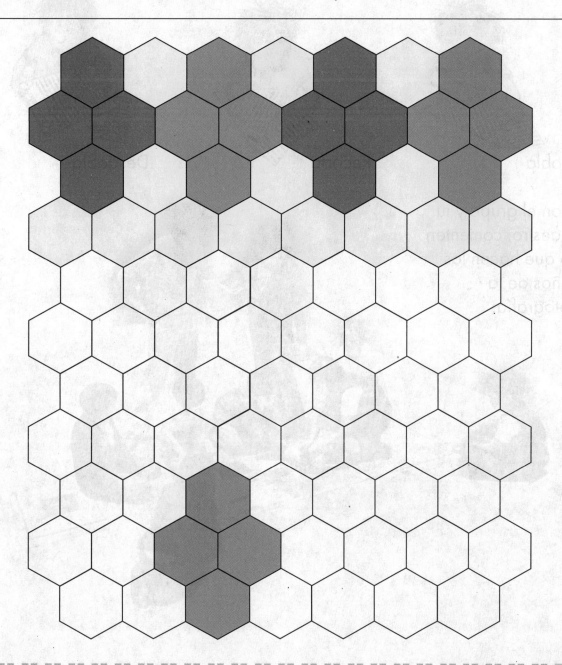

■■ Sobre papel periódico, marca cinco veces el contorno de tu libro de español. Recorta los 5 rectángulos que salieron.

■■ De los 5 rectángulos vas a recortar 5 cuadrados. Para hacerlos fíjate en los dibujos.

Dobla   Recorta   Desdobla

■■ Con el grupo y tu maestro, comenten lo que hacen los niños de la fotografía.

Salgan al patio con sus cuadrados de periódico. En el piso tracen
5 rectángulos de diferentes tamaños y enumérenlos.

Fíjate en el pedazo de piso que encierra el rectángulo uno.
¿Crees que con 10 cuadrados de periódico se puede cubrir el espacio que
encierra ese rectángulo? _____
¿Crees que se pueda cubrir completo? _____
¿Cuántos cuadrados de periódico crees que se necesitan para cubrir todo
el rectángulo uno? _____

Para que sepan qué tanto le atinaron, cubran el rectángulo con los
cuadrados de periódico.
¿Cuántos cuadrados cupieron? _____
¿Quedó algún pedazo del rectángulo sin cubrir? _____

Repitan la actividad con los otros rectángulos. Completen la tabla.

	Yo creo que el rectángulo se cubre con	El rectángulo se cubrió con
Rectángulo 1		
Rectángulo 2		
Rectángulo 3		
Rectángulo 4		
Rectángulo 5		

¿En cuál de los rectángulos cupieron más cuadrados de periódico?

_____

¿Cuántos cuadrados de periódico se necesitarían para cubrir el piso
del salón? _____

La vendedora de flores

CLAVELES
12 PESOS

7 PESOS

MACETA FIGURA
32 PESOS

DALIAS RAMO 26 PESOS

MACETA BARRO
21 PESOS

ROSAS - RAMO -
16 PESOS

MALETA CERÁMICA
13 PESOS

Conchita compró un ramo de dalias y la vendedora le rebajó 8 pesos. ¿Cuánto pagó Conchita? _____

La vendedora pone de oferta todas las macetas y les rebaja 5 pesos. Abajo de cada maceta, escribe cuánto cuestan ahora.

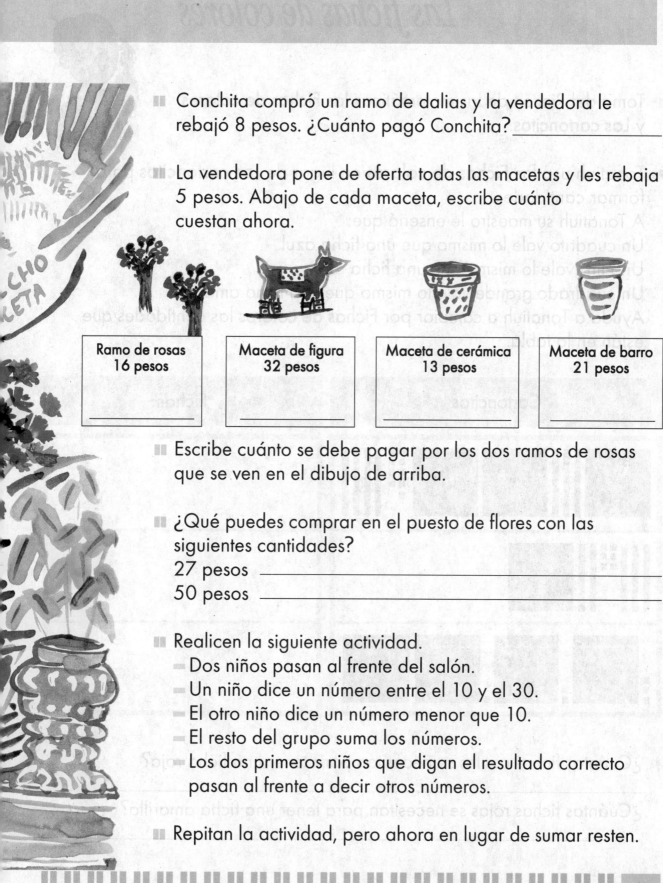

Ramo de rosas 16 pesos	Maceta de figura 32 pesos	Maceta de cerámica 13 pesos	Maceta de barro 21 pesos
_____	_____	_____	_____

Escribe cuánto se debe pagar por los dos ramos de rosas que se ven en el dibujo de arriba.

¿Qué puedes comprar en el puesto de flores con las siguientes cantidades?

27 pesos _____

50 pesos _____

Realicen la siguiente actividad.
   Dos niños pasan al frente del salón.
   Un niño dice un número entre el 10 y el 30.
   El otro niño dice un número menor que 10.
   El resto del grupo suma los números.
   Los dos primeros niños que digan el resultado correcto pasan al frente a decir otros números.

Repitan la actividad, pero ahora en lugar de sumar resten.

Las fichas de colores

▪▪ Toma del Rincón de las matemáticas las **Fichas de colores** y **Los cartoncitos**.

▪▪ Tonatiuh usa las **Fichas de colores** en lugar de **Los cartoncitos** para formar cantidades.

A Tonatiuh su maestro le enseñó que:

Un cuadrito vale lo mismo que una ficha azul.

Una tira vale lo mismo que una ficha roja.

Un cuadrado grande vale lo mismo que una ficha amarilla.

Ayuda a Tonatiuh a cambiar por **Fichas de colores** las cantidades que están en la tabla.

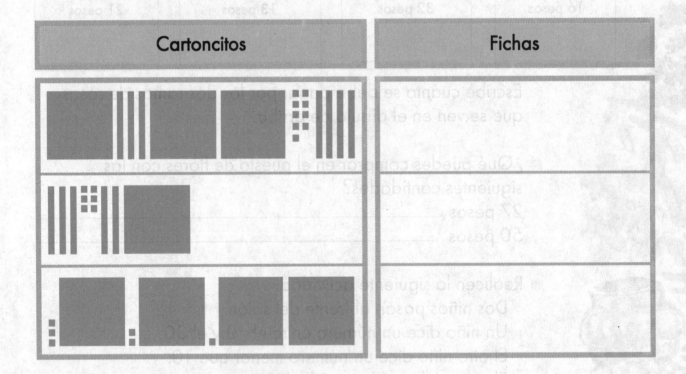

Cartoncitos	Fichas

▪▪ ¿Cuántas fichas azules se necesitan para tener una ficha roja?

_____

¿Cuántas fichas rojas se necesitan para tener una ficha amarilla?

_____

■■ Pinta de rosa el rectángulo donde está representada la cantidad más grande.

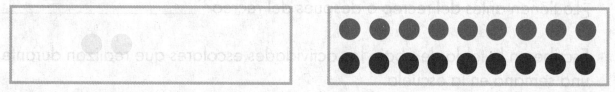

■■ Pinta de verde el rectángulo en el cual, si agregas una ficha azul, obtienes exactamente 2 fichas amarillas.

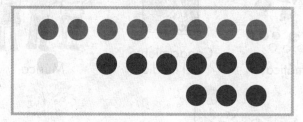
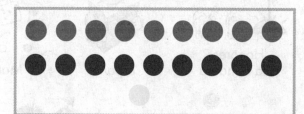

■■ Completa la tabla.

Fichas	C	D	U
	2	3	5
	4	4	0

■■ Con el grupo y tu maestro, comenten sus resultados.

■■ Con el grupo y tu maestro, comenten cómo organizan el trabajo escolar en una semana. ¿Qué día tienen la clase de deportes? _____ ¿La tienen antes del recreo o después del recreo? _____

■■ Escribe en la tabla de abajo las actividades escolares que realizan durante una semana en la escuela.

Honores a la Bandera   Español   Matemáticas   Conocimiento del medio   Música

Deportes   Examen   Revisión de tarea   Actividades en el patio

lunes	martes	miércoles	jueves	viernes
recreo				

■■ ¿Realizan las mismas actividades los martes y los jueves, antes del recreo?

_____

Figuras diferentes con 10 cuadritos

■■ Toma del Rincón de las matemáticas las tarjetas **Múltiplos de cien**.

■■ Construye con las 10 tarjetas la siguiente figura.

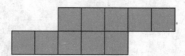

■■ Si tomas como unidad de longitud el lado de uno de los cuadrados
¿El contorno de toda la figura mide 18 unidades? _____

■■ Acomoda de otra manera las 10 tarjetas y dibuja la figura en la
cuadrícula. Haz otras dos figuras diferentes, cada una con 10 tarjetas.

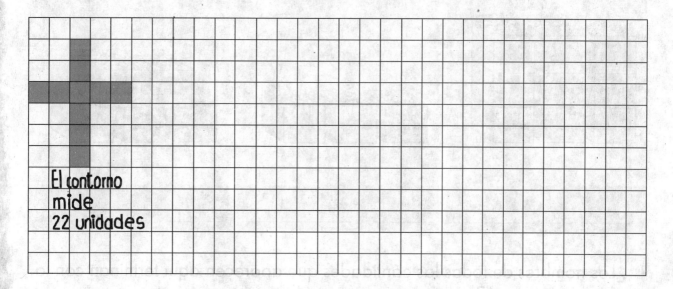

El contorno
mide
22 unidades

■■ ¿Todas las figuras están formadas con 10 cuadrados? _____ ¿La medida
del contorno cambia en cada figura o es siempre la misma? _____
¿Por qué? _____

Don Refugio vende cajas de cien mangos.
Escribe cuántos mangos hay en cada dibujo.

600   seiscientos

_____ _____

_____ _____

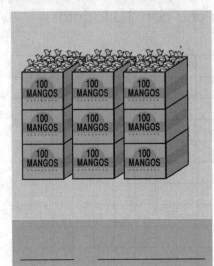

_____ _____

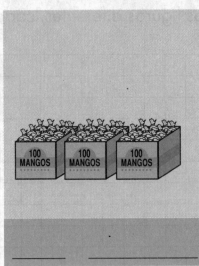

_____ _____

_____ _____

¿Los nombres de todas las cantidades que aparecen aquí terminan con la palabra "cientos"? _____

¿Qué otros nombres de cantidades conoces, que terminen con la palabra "cientos"? Escríbelos. _____

_____

El nombre de los números

■ Tomen del Rincón de las matemáticas su **Tablero de cantidades** y realicen con el maestro la siguiente actividad.

— El maestro dice un número del 1 al 999. Por ejemplo, dice ciento trece.
— Todos colocan piedritas en su tablero para representar ese número.
— Un niño dice dónde colocó sus piedritas en el tablero y los demás se fijan si las colocó en las casillas 100, 10 y 3.
— Repitan la actividad varias veces con otras cantidades.

■ Une cada tablero con el nombre del número que le toca.

100	200	300	400	500	600	700	800	900
10	20	30	40	50	60	70	80	90
1	2	3	4	5	6	7	8	9

ochocientos cuarenta y siete

cuatrocientos diez y nueve

100	200	300	400	500	600	700	800	900
10	20	30	40	50	60	70	80	90
1	2	3	4	5	6	7	8	9

100	200	300	400	500	600	700	800	900
10	20	30	40	50	60	70	80	90
1	2	3	4	5	6	7	8	9

quinientos sesenta y tres

ciento catorce

100	200	300	400	500	600	700	800	900
10	20	30	40	50	60	70	80	90
1	2	3	4	5	6	7	8	9

■ ¿El número ciento catorce podría haberse llamado
un ciento diez y cuatro ? _____

Un paseo por la selva

■ Realicen la siguiente actividad.

— Formen equipos de cuatro niños. Tomen del Rincón de las matemáticas un **Camino de la selva** y pongan en una bolsa tres fichas amarillas y seis rojas.

— Todos ponen un objeto en la casilla de "salida". Por turnos, cada jugador toma sin ver tres fichas. Avanza en el camino 100 números por cada ficha amarilla que saque y 10 números por cada ficha roja.

— Cada jugador anota en la tabla de abajo las fichas que le salen y el número al que llega.

— El jugador regresa las fichas a la bolsa.

— Gana el primero que llegue al número 1000.

Salieron	Salieron	Salí de la casilla	Llegué a la casilla
		salida	

■ Jueguen a La papa caliente, como lo hicieron en la página 37.
El niño que inicie el juego dice cien, el siguiente ciento diez, el que sigue ciento veinte y así hasta llegar al trescientos.

La tarea de Néstor

Toma del Rincón de las matemáticas **Los cartoncitos** y resuelve con ellos las cuentas.

Pon una palomita si la cuenta está bien resuelta y encierra en un círculo los resultados que estén incorrectos.

Abajo, anota y resuelve correctamente las tres cuentas en las que se equivocó Néstor.

La casita de juguete

En la casita de tres pisos de la página
siguiente, dibuja o pinta lo que se te pide.

- En la parte de en medio del primer piso,
  dibuja una puerta.
- En el cuarto que está a la derecha del baño,
  dibuja cuatro sillas y una mesa para el
  comedor.
- Encierra en un círculo lo que hay abajo
  del balcón.
- En el cuarto de la izquierda del tercer piso,
  dibuja una cuna y una cama.
- Pinta de color azul los juguetes que tienen
  partes redondas.
- En el cuarto de la derecha del tercer piso,
  dibuja una cama grande.
- Encierra en un círculo lo que hay arriba de la
  mesita que está enfrente del sillón.
- Dibuja lo que tú quieras en los cuartos que
  están vacíos.
- Pinta de diferentes colores la casita.

Muestra a un compañero
lo que hiciste. Vean en
qué se parecen
tu casita y la suya.

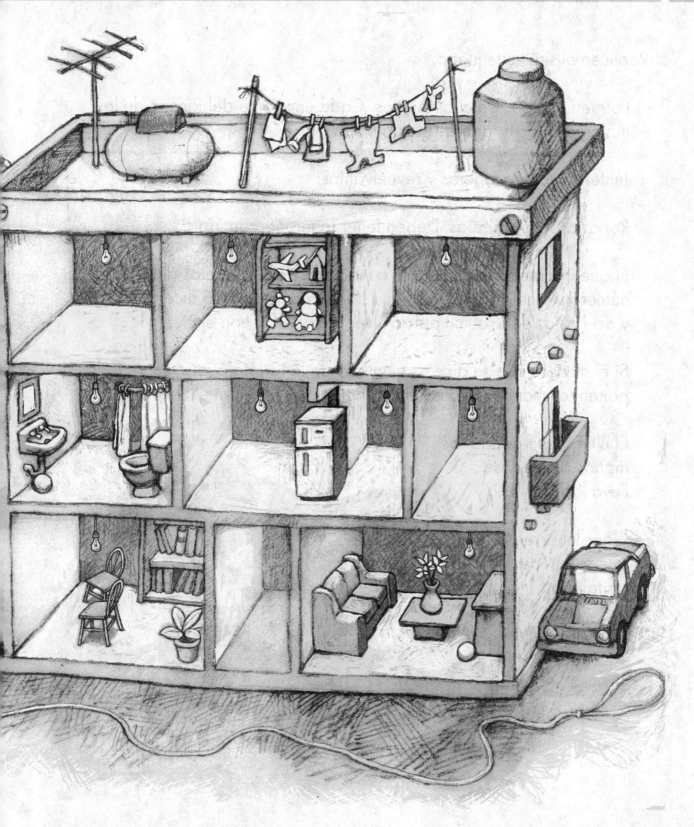

El manotazo

■ Realicen el siguiente juego.

— Formen equipos de cuatro niños. Cada uno tome del Rincón de las matemáticas sus tarjetas **Múltiplos de cien**.

— Junten todas las tarjetas y revuélvanlas.

— Repártanse las tarjetas. Deben tener la misma cantidad.

— El que inicia el juego lanza al centro una de sus tarjetas del lado del número y dice cien. El que sigue hace lo mismo, pero dice doscientos; y así hasta llegar al mil para volver a empezar con el cien.

— Si el número que se dice es el mismo de la tarjeta que se saca, todos ponen las manos arriba de las tarjetas que están en el centro.

— El último que ponga las manos pierde y se lleva las tarjetas.

— Gana el primero que se quede sin tarjetas.

BLOQUE

tres

▼Toma del Rincón de las matemáticas **Las gallinas** y construye un lobo más grande.

▼Construye otra vez el lobo, ahora todo de color anaranjado.

▼Encuentra en el lobo la forma siguiente.

¿Cuántas veces se repite esta forma en el lobo? _____

▼Encuentra en el lobo la forma siguiente.

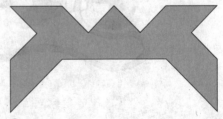

¿Cuántas veces se repite esta forma en el lobo? _____

▼ Une al dibujo del centro las etiquetas que indican la cantidad de mangos que hay.

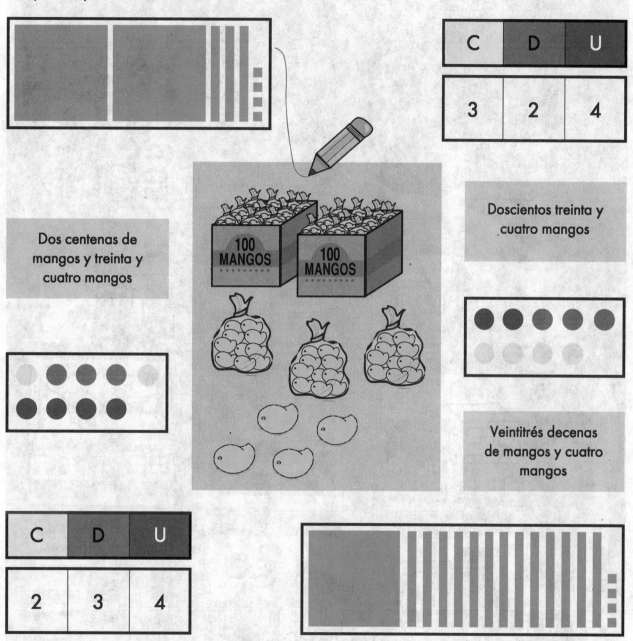

C	D	U
3	2	4

Doscientos treinta y cuatro mangos

Dos centenas de mangos y treinta y cuatro mangos

100 MANGOS

100 MANGOS

Veintitrés decenas de mangos y cuatro mangos

C	D	U
2	3	4

▼ Con el grupo y tu maestro, comenten cuáles etiquetas unieron al dibujo de los mangos.

La escuela de David

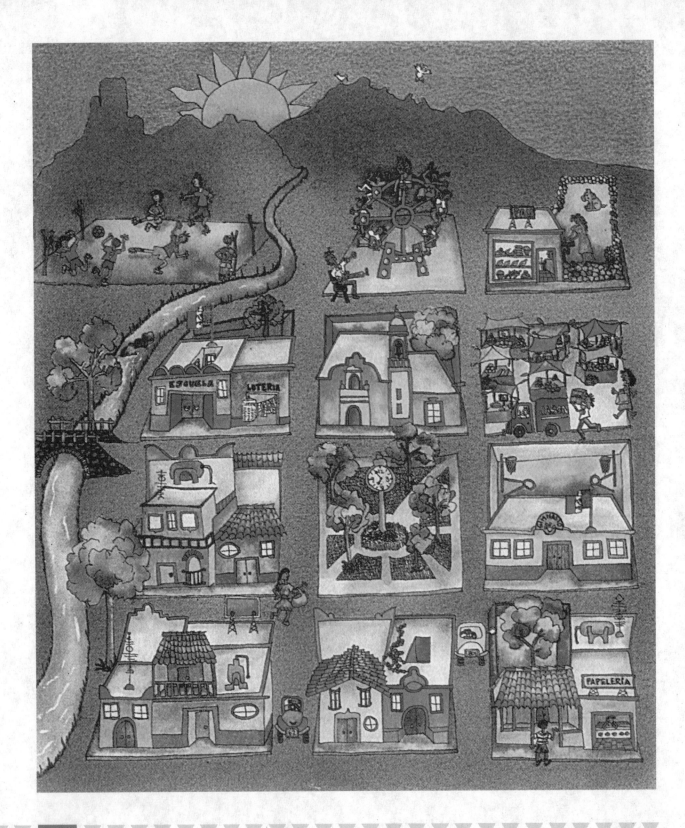

▼ Localiza a David que está enfrente de su casa. Si camina 2 calles hacia donde sale el sol, da vuelta hacia el río y camina 2 calles, ¿a dónde llega?_____

▼ Escribe el camino que sigue David para ir:

De la papelería a la panadería_____
_____

De su casa a la cancha de futbol_____
_____

De la feria al parque _____
_____

▼ ¿Para qué sirven los números?

La empacadora

5 chocolates   4 chocolates   3 chocolates

▼ En la fábrica, los chocolates se empacan en bolsas con tres, cuatro, cinco y a veces más chocolates.

▼ Toma unas piedritas que vas a usar como chocolates y ocho tapas de frascos para empacarlos.

▼ Haz paquetes con 3 chocolates cada uno y completa la tabla.

Número de paquetes	4	5	6	7
Número de chocolates				

▼ Haz paquetes con 5 chocolates cada uno y completa la tabla.

Número de paquetes	3	2	8	1
Número de chocolates				

▼ Haz paquetes con el número de chocolates que tú quieras. No pongas más de 10 chocolates. Completa la tabla.

Número de paquetes	4	3	2	5
Número de chocolates				

▼ ¿Cuántos paquetes puedes formar con 30 chocolates, si en cada paquete pones 6 chocolates?

_____

_____

▼ ¿Cuántos paquetes puedes formar con 30 chocolates, si en cada paquete pones 5 chocolates?

_____

_____

▼ Completa la tabla.

Número de paquetes	Número de chocolates por paquete	Total de chocolates
2		36
	12	36
4		36
	6	36
9		36
	36	36
12		36
36		36
	2	

79

¿A qué recipiente le cabe más?

▼ Encierra los objetos que crees que sirven como recipientes. Los recipientes son los que puedes llenar con arena, agua, semillas o aserrín.

▼ Organícense en equipos de ocho niños. Consigan arena y 5 recipientes: una taza, un vaso, un bote pequeño, un jarro y una cajita.

▼ Tomen el recipiente más pequeño como unidad de medida y numeren los otros recipientes, del que crean que le cabe menos arena al que crean que le cabe más.

▼ Escriban en la tabla los nombres de los recipientes según hayan quedado numerados.

	Recipiente 1	Recipiente 2	Recipiente 3	Recipiente 4
Creo que la unidad cabe:				
La unidad cabe realmente:				
¿Acerté?				

▼ ¿Cuántas veces crees que puedes llenar de arena la unidad de medida y vaciarla en cada uno de los recipientes hasta que se llenen?_____
Anota tus respuestas en el primer renglón de la tabla.

▼ Para que vean si ordenaron bien los recipientes y si calcularon la medida de cada uno de ellos correctamente, midan la capacidad de cada uno de los recipientes con la unidad de medida. Anoten sus resultados en el segundo renglón de la tabla.
¿Los recipientes quedaron ordenados como ustedes habían dicho?_____
¿A cada recipiente le cupo la unidad de medida, el número de veces que dijeron?_____
Completa la tabla.

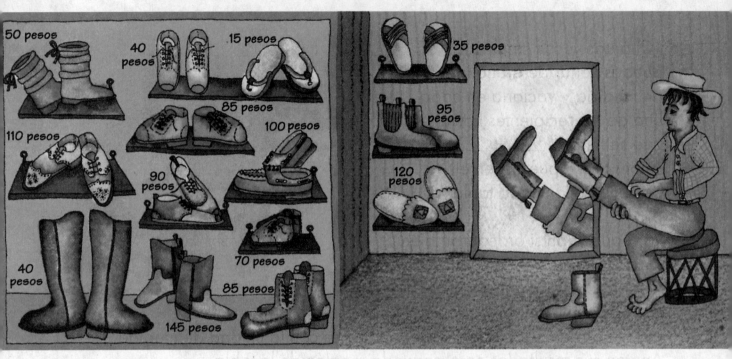

Zapatería "La bota de oro"

▼ Raquel se compró un par de botas y un par de zapatillas en "La bota de oro".

Fíjate cómo usa Tonatiuh la tabla para saber cuánto pagó Raquel.

Tonatiuh escribe 155 pesos de las botas y 120 pesos de las zapatillas.

Tonatiuh suma las unidades y obtiene 5, suma las decenas y obtiene 7, suma las centenas y obtiene 2.

C	D	U
1	5	5
+ 1	2	0

C	D	U
1	5	5
+ 1	2	0
2	7	5

Tonatiuh sabe que Raquel pagó 275 pesos.

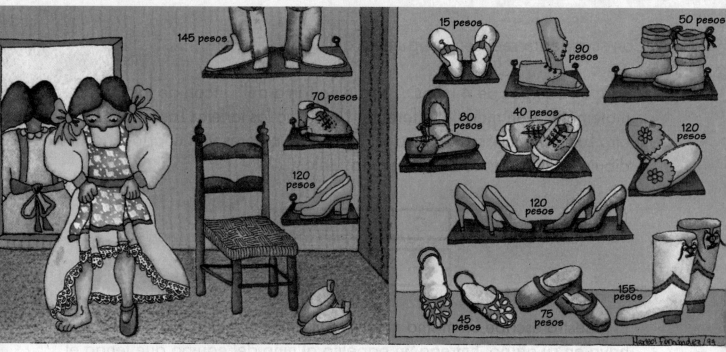

▼ Leonardo tiene 385 pesos y gasta en "La bota de oro" 150 pesos en zapatos para sus hijos. Fíjate cómo usa Tonatiuh la tabla para saber cuánto dinero le quedó a Leonardo.

Tonatiuh escribe los 385 pesos que lleva y escribe los 150 pesos que gasta.

Tonatiuh resta las unidades y le quedan 5, resta las decenas y le quedan 3. Por último, resta las centenas y le quedan 2.

C	D	U
3	8	5
− 1	5	0

C	D	U
3	8	5
− 1	5	0
2	3	5

Tonatiuh sabe que a Leonardo le quedan 235 pesos.

▼ Con los datos del dibujo, pídele a tu maestro que te ponga otros problemas y resúelvelos en tu cuaderno con la ayuda de la tabla.

▼ Con su maestro realicen la siguiente actividad.

— Formen equipos de 4 niños. Cada niño toma del Rincón de las matemáticas un material diferente. Uno toma las tarjetas **Los mangos**, otro **Los cartoncitos**, el tercero las **Fichas de colores** y el cuarto niño dibuja en un pedazo de papel una tabla.

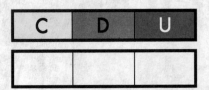

— El maestro escribe un mismo número en tantos papelitos como equipos haya en su grupo. Entrega un papelito al niño del equipo que tenga el material de **Los mangos**.
— El primer niño representa el número que le dio el maestro con las tarjetas de **Los mangos** y pasa las tarjetas al segundo niño.
— El segundo niño representa con **Los cartoncitos** la cantidad de mangos que recibió y pasa los cartoncitos a un tercer niño.
— El tercer niño representa la cantidad de cartoncitos utilizando las **Fichas de colores** y pasa las fichas al cuarto niño.
— El cuarto niño representa la cantidad de fichas en la tabla.

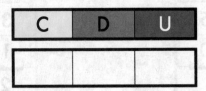

— Comparan el número anotado en la tabla con el que escribió el maestro en el papelito. Si los números son iguales, el equipo gana un punto. Si son diferentes, ven dónde se equivocaron.
— El maestro entrega otro número a los equipos y se repite la actividad.

▼ El equipo de Mariana, Eugenia, Iliana y Adriana jugaron a Los mensajes.
El maestro les dio el número 123.
Completa, para que el equipo gane.

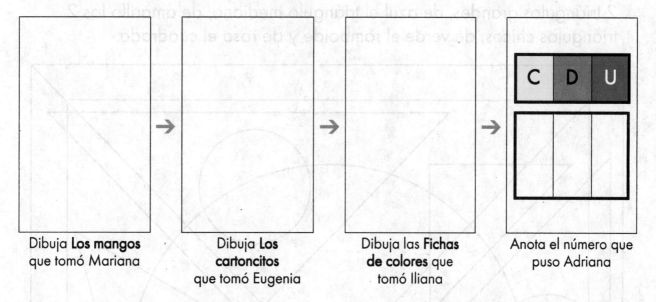

| | | | C | D | U |

Dibuja **Los mangos**
que tomó Mariana

Dibuja **Los
cartoncitos**
que tomó Eugenia

Dibuja las **Fichas
de colores** que
tomó Iliana

Anota el número que
puso Adriana

▼ Las mismas niñas volvieron a jugar. El maestro les dio el número 546, pero
alguien se equivocó.
Revisa los dibujos y escribe quién y por qué se equivocó. _____

_____

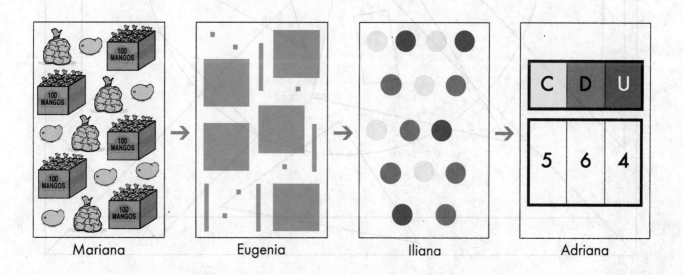

Mariana   Eugenia   Iliana   Adriana

¿Dónde está el tangram?

▼ Toma del Rincón de las matemáticas el **Tangram**.

En el dibujo encuentra las 7 piezas del **Tangram** y pinta de rojo los 2 triángulos grandes, de azul el triángulo mediano, de amarillo los 2 triángulos chicos, de verde el romboide y de rosa el cuadrado.

▼ Pinta a la derecha otro mosaico igual.

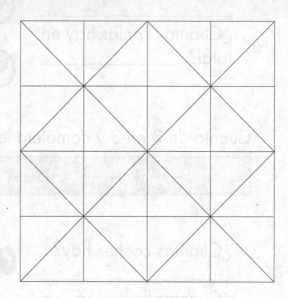

▼ Copia otro perrito igual y píntalo.

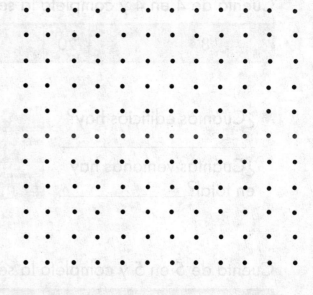

▼ Traza cuadrados adentro del perrito.
¿Cuántos cuadrados pudiste trazar?_____

▼ ¿Cuántos triciclos hay?

_____

¿Cuántas llantas hay en total? _____

Cuenta de 3 en 3 y completa la serie.

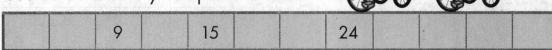

		9		15			24				

▼ ¿Cuántos coches hay?

_____

¿Cuántas llantas hay en total? _____

Cuenta de 4 en 4 y completa la serie.

	8			20				36	

▼ ¿Cuántos edificios hay?

_____

¿Cuántas ventanas hay en total? _____

  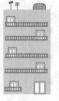  

Cuenta de 5 en 5 y completa la serie.

  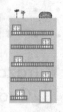

		15		25			40		

▼ Toma del Rincón de las matemáticas tapas de frascos y piedritas para resolver la lección.

▼ En el mercado se venden frutas.

– En un puesto vendieron 7 montones de naranjas. ¿Cuántas naranjas se vendieron? _____ ¿Cuánto se cobró? _____

– En otro puesto vendieron 5 montones de tunas. ¿Cuántas tunas se vendieron? _____ ¿Cuánto se cobró? _____

▼ Marisol va al mercado y compra en el puesto 3 montones de naranjas, 2 montones de tunas y 4 montones de manzanas. ¿Cuántas frutas compró? _____

▼ ¿Qué frutas te gustaría comprar y cuántos montones de cada fruta? Completa la tabla.

Fruta	Número de montones	Frutas en cada montón	Total de frutas
manzanas	3		

La pastelería

▼ El pastelero vendió 367 pesos en pasteles. Tacha los billetes y monedas con las que le pudieron haber pagado la cantidad exacta.

▼ ¿De qué otra forma le pudieron pagar al pastelero? Anota las cantidades de billetes y monedas necesarias para pagar exactamente 367 pesos.

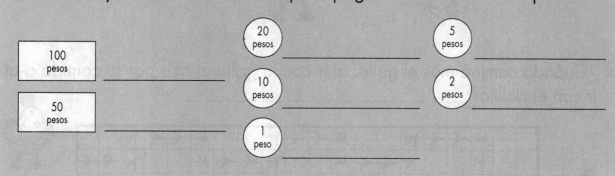

▼ Trabaja con un compañero. Tomen del Rincón de las matemáticas **El dinero**. Elijan un pastel de la pastelería y busquen distintas maneras de pagar el costo del pastel. Escríbanlas en sus cuadernos. Elijan otro pastel y repitan la actividad.

▼ Con tu dinero calcula las cantidades que se describen en los rectángulos de color lila. Relaciona las cantidades que te resultaron con las que aparecen en el rectángulo azul.

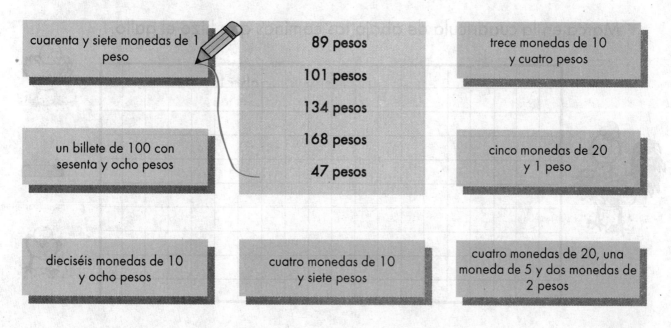

▼ ¿Cuándo caminó más el gallo: al ir con la gallina, al ir por su comida o al ir con el pollito? _____

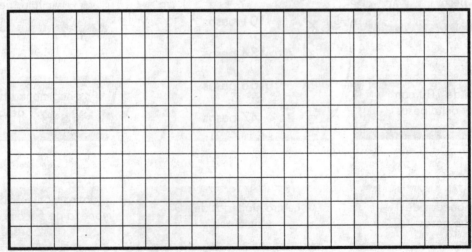

▼ Marca en la cuadrícula de abajo los caminos que hizo el gallo.

El tapete de cuadrados

▼ Cada cuadrado grande se forma con 4 cuadrados pequeños. Pinta los 8 cuadrados rojos grandes y los 7 cuadrados morados grandes que faltan.

▼ Termina de pintar el tapete con color verde.
¿Cuántos cuadrados rojos pequeños hay?_____

▼ Óscar compró un tanque de gas y un juego de llaves de mecánico. Le pide ayuda a Tonatiuh para que, con **Los cartoncitos**, averigüen cuánto tiene que pagar.

Fíjate cómo usa Tonatiuh la tabla para resolver el problema. Escribe 65 pesos del tanque de gas y 98 pesos de las llaves de mecánico.

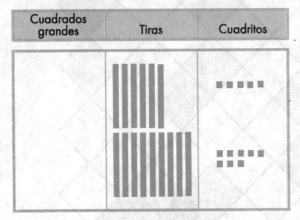

Cuadrados grandes	Tiras	Cuadritos

C	D	U
	6	5
	9	8

Tonatiuh suma las unidades 5 más 8 y obtiene 13 unidades. Cambia 10 unidades por 1 decena, y le quedan 3 unidades. Anota 3 como resultado en la columna de las unidades y agrega 1 arriba de la columna de las decenas.

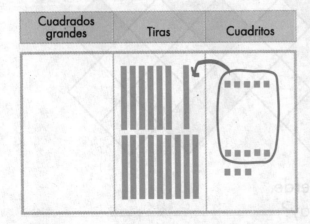

Cuadrados grandes	Tiras	Cuadritos

C	D	U
	1	
	6	5
	9	8
		3

Tonatiuh suma las decenas y obtiene 16. Cambia 10 decenas por 1 centena y le quedan 6 decenas. Anota 6 como resultado en la columna de las decenas y agrega 1 arriba de la columna de las centenas.

Cuadrados grandes	Tiras	Cuadritos
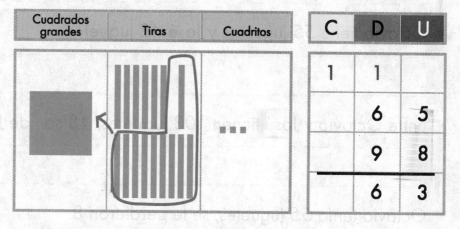		

C	D	U
1	1	
	6	5
	9	8
	6	3

Tonatiuh suma las centenas y obtiene una. Anota 1 como resultado de las centenas. Así sabe que Óscar tiene que pagar 163 pesos.

Cuadrados grandes	Tiras	Cuadritos

C	D	U
1	1	
	6	5
	9	8
1	6	3

▼ Con los datos del dibujo, escribe otros problemas y resuélvelos en tu cuaderno con la ayuda de la tabla. Si todavía necesitas **Los cartoncitos**, úsalos.

▼ Elige y pega la pregunta que creas necesaria para que cada problema quede completo.

▼ Octavio tiene 38 juguetes de plástico y 17 juguetes de madera.

> ¿Cuántos juguetes tiene Octavio?

▼ Octavio tiene 55 juguetes y José 48 juguetes.

▼ Entre Octavio y José tienen 103 juguetes; 48 son de José.

▼ Octavio tenía 55 juguetes, se le perdieron 8.

▼ A Octavio le compraron algunos juguetes. Tenía 55 y ahora tiene 61.

▼ Pega en tu cuaderno las preguntas que no te sirvieron.

▼ En tu cuaderno resuelve los problemas. Comenta con el grupo y tu maestro los resultados.

El puesto de quesadillas

QUESADILLAS Y TACOS

	pesos		pesos
Flor	4	Cecina	7
Huitlacoche	4	Picadillo	6
Queso	5	Pollo	6
Pollo	6		
Carne	6	Refrescos	4
Papa	4	Aguas	3

▼ Observa el puesto y contesta. Para saber cuánto cuestan tres quesadillas de pollo, ¿qué necesitas saber?

▼ Para saber cuánto cuestan cuatro tacos de cecina y tres refrescos, ¿qué necesitas saber?

	Sí	No
El nombre del puesto		✗
Lo que cuestan los tacos de pollo		
Lo que cuestan los refrescos		
La hora en que comiste las quesadillas		
Lo que cuesta una quesadilla de pollo		

	Sí	No
El número de refrescos que tiene una caja		✗
Lo que cuestan las quesadillas de carne		
Lo que cuesta un taco de cecina		
Lo que cuestan los tacos de pollo		
Lo que cuesta un refresco		

▼ En tu cuaderno escribe qué preguntas le puedes poner al siguiente texto.

Gerardo y su papá comieron en la fonda "La Montaña". Compraron 7 quesadillas: 4 de pollo y 3 de carne; 3 tacos de cecina y 2 refrescos. En tu cuaderno, haz las cuentas para contestar las preguntas que hiciste.

▼ Completa el calendario. Escribe en la parte de arriba del calendario los días de la semana.

¿En qué día cae el primero de marzo de este año?_____

Anota los números de los días, del 1 al 31.

M
A
R
Z
O

AÑO

▼ En cada día del mes, pega o dibuja algo que haya sucedido.

▼ El papá de Armando le compró una revista para recortar y un Libro de Oro de Cuentos.
Elige la cuenta que te sirve para saber cuánto pagó el papá de Armando, y resuélvela.

$$- \begin{array}{r} 26 \\ 19 \end{array} \qquad + \begin{array}{r} 10 \\ 16 \end{array} \qquad + \begin{array}{r} 26 \\ 19 \end{array}$$

▼ Armando quiere tres cuentos de hadas.
Elige la cuenta que te sirve para saber cuánto tiene que pagar Armando, y resuélvela.

$$+ \begin{array}{r} 18 \\ 18 \\ 18 \\ 18 \end{array} \qquad + \begin{array}{r} 18 \\ 18 \\ 18 \end{array} \qquad - \begin{array}{r} 18 \\ 18 \end{array}$$

▼ Elige tres cuentos o revistas que se puedan comprar en el puesto del dibujo. Escribe en tu cuaderno lo que elegiste.

  — En tu cuaderno, anota y resuelve la cuenta que harías para saber cuánto se pagaría por los tres.
  — Repite varias veces la actividad anterior.

▼ Con el grupo y tu maestro revisa tus resultados.

▼ Completa la red para encontrar cuántos mangos en total cosechó don Refugio.

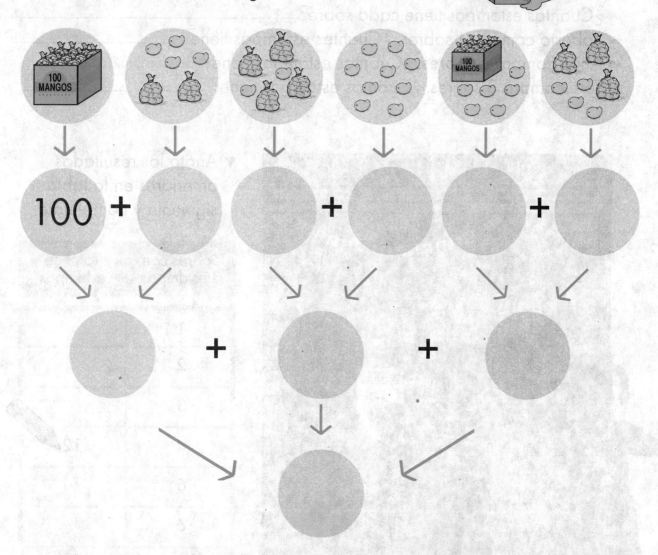

▼ Trabaja con un compañero. Cada uno invente una red de números y dibújela en su cuaderno. Intercámbienla y resuélvanla. Devuelvan el cuaderno al compañero y revisen si su pareja llenó bien la red de los números.

▼ Con el grupo y tu maestro, comenten las redes de números que inventaron.

Las estampas

▼ Los niños compraron estampas para su álbum.

 ▬ ¿Cuántas estampas tiene cada sobre? _____
 ▬ Roberto compró 4 sobres. ¿Cuántas estampas tiene? _____
 ▬ Anita compró 6 sobres. ¿Cuántas estampas tiene? _____
 ▬ Tere compró 8 sobres. ¿Cuántas estampas tiene? _____

▼ Anota los resultados anteriores en la tabla siguiente y complétala.

Sobres con 3 estampas	Total de estampas
1	
2	
3	
4	12
5	
6	
7	
8	
9	
10	

▼ ¿Cuántos sobres se pueden hacer con las estampas que aparecen arriba?

_____

¿Sobran algunas estampas? _____

▼ Resuelve en tu cuaderno los siguientes problemas.

   — Armando compró 8 sobres y se le perdieron 2 sobres.
     ¿Cuántas estampas le quedaron? _____

   — Ramón compró 6 sobres y se le perdieron 9 estampas.
     ¿Cuántos sobres le quedaron? _____

   — ¿Cuántos sobres compró Norma, si tiene 15 estampas? _____

   — ¿Cuántos sobres compró Mari, si tiene 24 estampas? _____

Junten las figuras

▼ Organícense con su maestro y realicen el siguiente juego.

- Formen equipos de cuatro niños.
- Del Rincón de las matemáticas tomen un paquete de tarjetas **Adivina quiénes somos** y de **Figuras geométricas**.
- Distribuyan todas las **Figuras geométricas** sobre la mesa o el suelo.
- Junten las tarjetas, revuélvanlas y colóquenlas una sobre otra con el color azul hacia abajo.
- Por turnos, cada niño toma una tarjeta. Lee la característica geométrica y selecciona todas las figuras que tengan esa característica.
- Después voltea la tarjeta y entre todos ven si lo hizo bien.
- Si no le sobraron ni le faltaron figuras, gana un punto y lo anota en su cuaderno. Regresa las figuras a la mesa o al suelo.
- Gana el jugador que al final haya obtenido más puntos.

cuatro

■ Toma del Rincón de las matemáticas **Las gallinas** y construye la cara de una vaca más grande.

■ *Construye otra vez la cara de la vaca. Ahora, de color amarillo el lado izquierdo y de color anaranjado el lado derecho.*

¡El número más grande!

■ Organícense con su maestro y realicen el siguiente juego.

– Jueguen en parejas. Tomen cada uno del Rincón de las matemáticas sus tarjetas **Los dígitos**.

– Revuelvan las tarjetas y pónganlas en un solo montón con los números hacia abajo.

– Cada uno toma tres tarjetas y las ordena para formar con ellas el número más grande que se pueda.

– Muestren su número al compañero. El que tenga el número más grande gana y se anota un punto.

– Regresen las tarjetas al montón y sigan jugando.

■ A Carla le salieron las tarjetas   1   6   y   7
Representó el número setecientos sesenta y uno,
acomodándolas de la siguiente manera: 7   6   1
A Paola le salieron las tarjetas   0   8   y   5

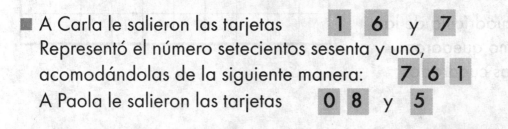

■ Ayúdale a Paola a ordenar sus tarjetas
para que le gane a Carla.

¿Con qué número le gana Paola a Carla?

_____

■ Escribe los seis números diferentes de tres cifras que se pueden formar con las tarjetas   8   3   y   5   _____ _____ _____

_____ _____ _____

¿Cuál es el número más grande que pudiste formar? _____

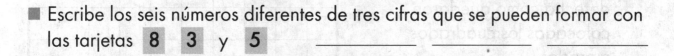

■ Recorta tus **Cuadritos de colores** y toma del Rincón de las matemáticas tu **Cuadrícula numérica**.

– En tu **Cuadrícula numérica** tapa con un cuadrado rosa el número 2, tapa con otro cuadrado rosa el 4. Continúa tapando los números de la serie de 2 en 2 hasta llegar al 100.

– Pinta en la cuadrícula de la derecha cómo quedaron colocados los cuadrados rosas.

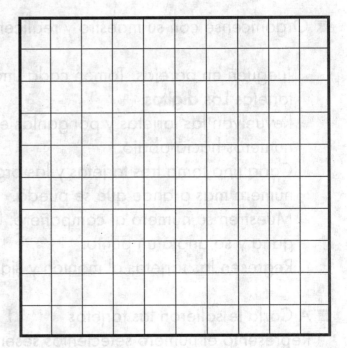

■ En tu **Cuadrícula numérica** tapa con un cuadrado morado el número 3, suma tres y coloca otro cuadrado morado sobre el 6. Sigue tapando los números de 3 en 3 hasta terminar en el 99.

– Pinta en la cuadrícula de la derecha cómo quedaron colocados los cuadrados morados.

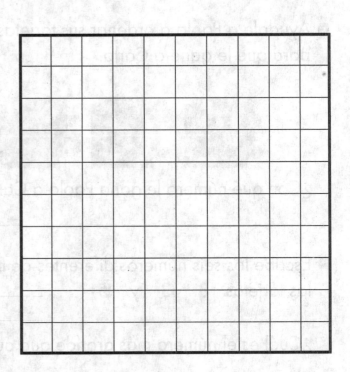

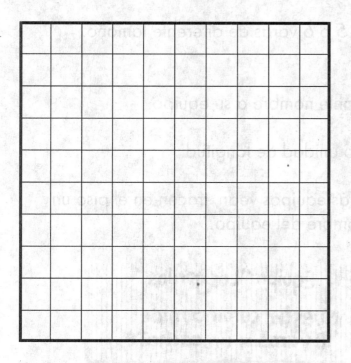

■ En tu **Cuadrícula numérica** coloca en el número 4 un cuadrado rosa, suma cuatro y coloca otro cuadrado rosa en el 8. Sigue así hasta llegar al 100.

▬ Pinta en la cuadrícula de la izquierda cómo quedaron los cuadrados rosas.

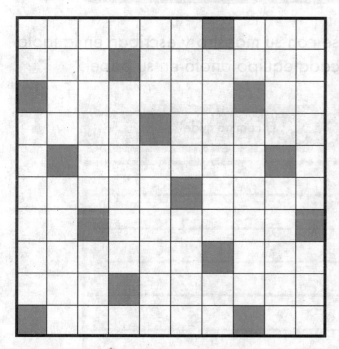

■ En tu **Cuadrícula numérica** localiza los números que en la cuadrícula de la izquierda están tapados con un cuadrado morado.

▬ ¿Cuál es la serie numérica que se formó? _____

■ Con el grupo y tu maestro, vayan diciendo por turnos qué números están en la serie del 7.

¿Con qué vara se midió?

■ Con el grupo y tu maestro, corten 5 o 6 varas de diferente tamaño. Pónganle a cada vara una marca.

■ Formen equipos de 8 niños. Pónganle nombre a su equipo.

■ Cada equipo elige una vara como unidad de longitud.

■ Salgan al patio y, sin que los demás equipos vean, tracen en el piso un camino y a un lado escriban el nombre del equipo.

■ Midan el camino con la vara que eligieron. Anoten en un papel cuánto midió su camino.

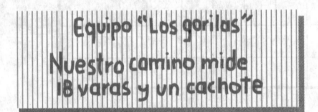

Equipo "Los gorilas" Nuestro camino mide 18 varas y un cachote

■ Cuando todos terminen, organícense con su maestro y escriban en la tabla el nombre de los equipos y lo que cada equipo anotó en su papel.

Nombre del equipo	El camino mide

■ Coloquen en el centro del patio las varas para que todos las puedan ver.

■ Por turnos, cada equipo se fija en un camino que no sea el suyo y leen en la tabla lo que mide ese camino.
Elijan la vara que crean que se utilizó para medir ese camino y lo miden. ¿Le atinaron? _____

■ El equipo de "Los gorilas" dice que su camino mide 18 varas y un cachote. ¿Pueden trazar un camino tan largo como el que trazó este equipo, o necesitan saber qué vara usaron "Los gorilas" para medir?

_____

■ Con el grupo y tu maestro, comenten por qué es importante decir con qué vara se mide.

La cooperativa escolar

■ Beto vende en la cooperativa paquetes con chiclosos. Hay paquetes con dos, tres, cuatro, seis y a veces diez chiclosos.

Del Rincón de las matemáticas toma unas piedritas que vas a usar como chiclosos y 8 tapas para empacarlos.

■ Haz paquetes con 4 chiclosos cada uno y completa la tabla.

Número de paquetes	8	7	6	5	4
Total de chiclosos					

■ Haz paquetes con 6 chiclosos cada uno y completa la tabla.

Número de paquetes	8	7	6	5	4
Total de chiclosos					

■ Haz paquetes con el número de chiclosos que tú quieras. No pongas más de 10 chiclosos. Completa la tabla.

Número de paquetes	Número de chiclosos por paquete	Total de chiclosos
3		
4		
5		
7		

■ Usa tus tapas y piedritas y realiza los cálculos.

— ¿Dónde hay más chiclosos, en 5 paquetes de 2 chiclosos cada uno o en 2 paquetes de 5 chiclosos cada uno?

— ¿Dónde hay más chiclosos, en 7 paquetes de 2 chiclosos cada uno o en 4 paquetes de 5 chiclosos cada uno?

— ¿Cuántos paquetes puedes formar con 24 chiclosos si en cada paquete pones 4 chiclosos?

■ Completa la tabla.

Número de paquetes	Número de chiclosos por paquete	Total de chiclosos
2		24
	8	24
4		24
		24
		24
		24

113

Uno más, uno menos

■ Formen equipos de tres niños. Tomen del Rincón de las matemáticas sus tarjetas de **Los dígitos** y realicen la siguiente actividad.

Revuelvan las tarjetas y pónganlas al centro con los números hacia arriba. El niño que comienza toma tres tarjetas, forma con ellas un número de tres cifras, y lo pone sobre la mesa.

Por ejemplo, forma el
doscientos cuarenta y nueve: **2 4 9**

Otro niño del equipo resta 1 al número que formó su compañero y escoge las tarjetas que necesite para formar el número que resulta. Coloca su número a la izquierda del 249.

2 4 8   2 4 9

El tercer niño forma ahora con otras tarjetas el número que resulta de sumar 1 al 249. Lo coloca a la derecha del 249.

2 4 8   2 4 9   2 5 0

Repitan la actividad varias veces.

■ Completa la cadena del más uno.

808 +1 → ◯ +1 → ◯ +1 → ◯ +1 → ◯

597 +1 → ◯ +1 → ◯ +1 → ◯ +1 → ◯

99 +1 → ◯ +1 → ◯ +1 → ◯ +1 → ◯

■ Completa la cadena del menos uno.

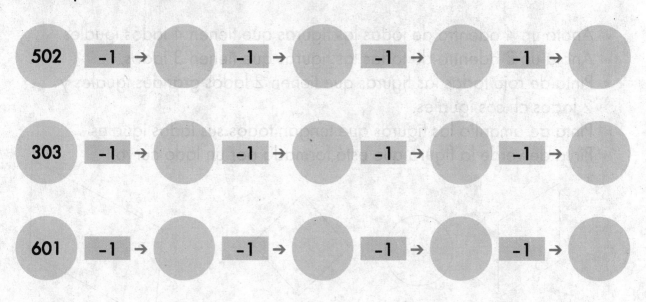

■ Completa la cadena.

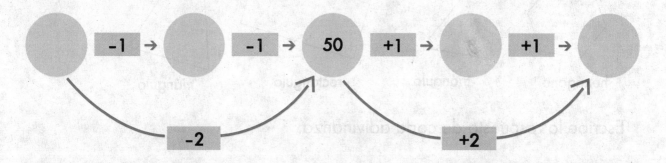

■ Con tus compañeros y tu maestro, realicen la siguiente actividad.
Un niño dice el número de una página de su libro de matemáticas y los demás la buscan rápidamente.
El niño que localice primero la página, dice lo que hay en ella. Los demás ven si lo hizo bien. Ese niño dice el próximo número que el grupo tiene que buscar.

■ Realiza lo que se te pide en las figuras geométricas de abajo.

— Anota un 4 adentro de todas las figuras que tienen 4 lados iguales.
— Anota un 3 adentro de todas las figuras que tienen 3 lados.
— Pinta de rojo todas las figuras que tienen 2 lados grandes iguales y 2 lados chicos iguales.
— Pinta de amarillo las figuras que tengan todos sus lados iguales.
— Pinta de verde la figura que está formada por un lado curvo.

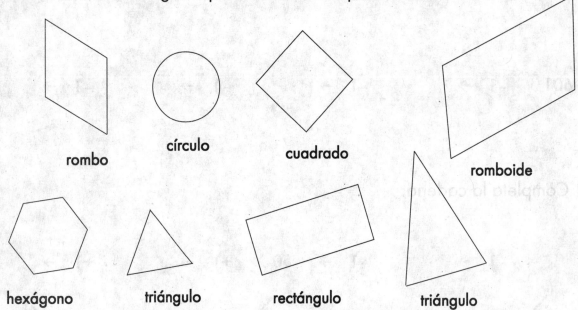

rombo   círculo   cuadrado   romboide

hexágono   triángulo   rectángulo   triángulo

■ Escribe la respuesta de cada adivinanza.

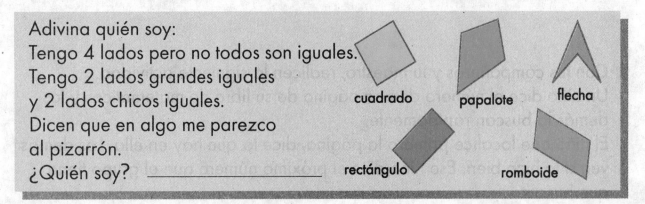

Adivina quién soy:
Tengo 4 lados pero no todos son iguales.
Tengo 2 lados grandes iguales
y 2 lados chicos iguales.
Dicen que en algo me parezco
al pizarrón.
¿Quién soy? _____

cuadrado   papalote   flecha
rectángulo   romboide

Adivina quién soy:
Todos mis lados son iguales.
Tengo más de 5 lados
y menos de 7 lados.
¿Quién soy? _____

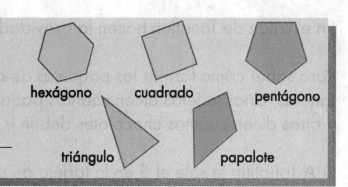

hexágono   cuadrado   pentágono

triángulo   papalote

Adivina quién soy:
Tengo más de 3 lados
y menos de 5 lados.
Tengo todos mis lados iguales.
No soy rombo.
¿Quién soy? _____

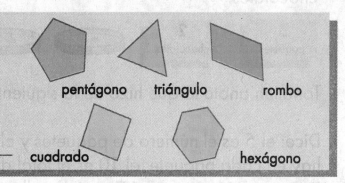

pentágono   triángulo   rombo

cuadrado   hexágono

Adivina quién soy:
No soy triangular,
no soy rectangular,
no soy el cuadrado.
Mi lado es una línea curva.
¿Quién soy? _____

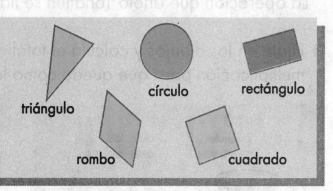

triángulo   círculo   rectángulo

rombo   cuadrado

Adivina quién soy:
No tengo 4 lados,
no tengo 5 lados.
Tengo la mitad de 6 lados.
¿Quién soy? _____

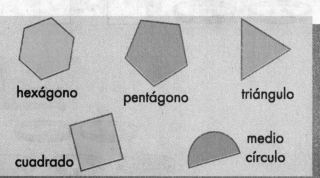

hexágono   pentágono   triángulo

cuadrado   medio círculo

Tonatiuh multiplica

En el salón de Tonatiuh hacen la actividad de la empacadora.

Para saber cómo formar los paquetes de chocolates usan tarjetas. Unas tarjetas dicen cuántos paquetes hay que formar y otras dicen cuántos chocolates deben ir en cada paquete.

■ A Tonatiuh le sale el 5 en la tarjeta de paquetes y el 2 en la tarjeta de chocolates.

5	2
paquetes	chocolates

Tonatiuh anota lo que hizo de la siguiente manera: **5 X 2 = 10**

Dice: el 5 es el número de paquetes y el 2 el número de chocolates que hay en cada paquete; el 10 es el total de chocolates que se utilizaron. La operación que anotó Tonatiuh se llama multiplicación.

■ Fíjate en los dibujos y calcula el total de chocolates. Completa la multiplicación para que quede como lo hace Tonatiuh.

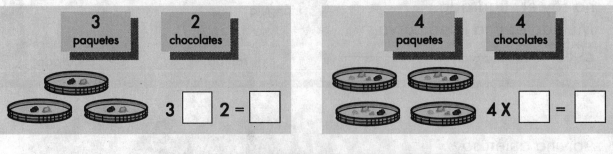

3 ☐ 2 = ☐

4 X ☐ = ☐

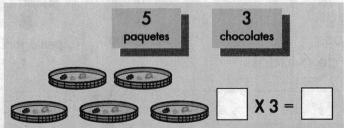

☐ X 3 = ☐

■ Fíjate en los dibujos y anota en las tarjetas los números que correspondan. Luego, completa cada multiplicación.

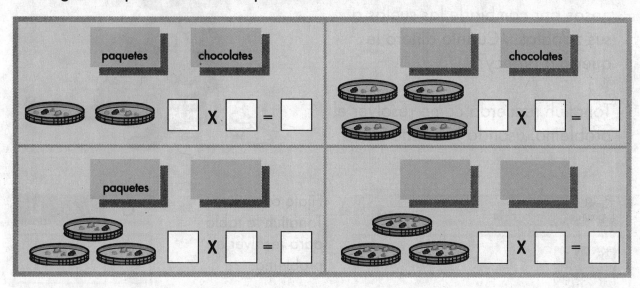

■ Fíjate en la multiplicación que hizo Tonatiuh y contesta.

5 X 3 = 15

¿Cuántos paquetes formó Tonatiuh? _____

¿Cuántos chocolates puso en cada paquete?_____

¿Cuántos chocolates empacó en total?_____

■ Resuelve las siguientes multiplicaciones. Dibuja las tapas y piedritas para comprobar tus respuestas.

3 X 7   4 X 2   3 X 3

El zapatero remendón

■ Nancy lleva 235 pesos. El zapatero le cobra 37 pesos por cambiarle las suelas a sus zapatos. ¿Cuánto dinero le quedó a Nancy?

Tonatiuh recuerda cómo resolver el problema, usando **Los cartoncitos**.

Cuadrados grandes	Tiras	Cuadritos
	3	7

Fíjate cómo usa Tonatiuh la tabla para resolver el problema.

Tonatiuh escribe 235, que es el dinero que Nancy lleva; luego escribe los 37 que le cobraron.

C	D	U
2	3	5
−	3	7

Cuadrados grandes	Tiras	Cuadritos

Tonatiuh resta las unidades. Como no puede quitar a 5 unidades 7, cambia una decena por 10 unidades. Ahora resta 7 unidades a 15, y le quedan 8.

C	D	U
	2	
2	3	15
−	3	7
		8

Cuadrados grandes	Tiras	Cuadritos

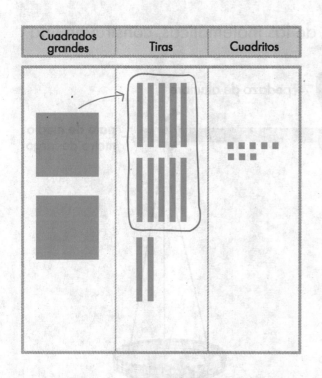

Ahora Tonatiuh resta las decenas. Como no puede quitar a 2 decenas 3, cambia una centena por 10 decenas. Ahora resta 3 decenas a 12, y le quedan 9.

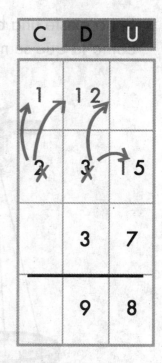

C	D	U
1	1 2	
2	3	1 5
	3	7
	9	8

Cuadrados grandes	Tiras	Cuadritos

Como no tiene que quitar centenas, anota 1 centena en el resultado. Tonatiuh ya sabe que a Nancy le quedan 198 pesos.

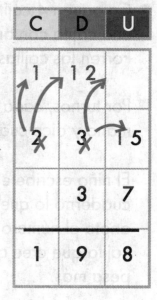

C	D	U
1	1 2	
2	3	1 5
	3	7
1	9	8

■ Con la ayuda de tu maestro inventa otros problemas y resuélvelos en tu cuaderno, usando la tabla.

¿Cuál pesa más?

■ Si no existe una balanza en el Rincón de las matemáticas, construyan una como la que se muestra en el dibujo.

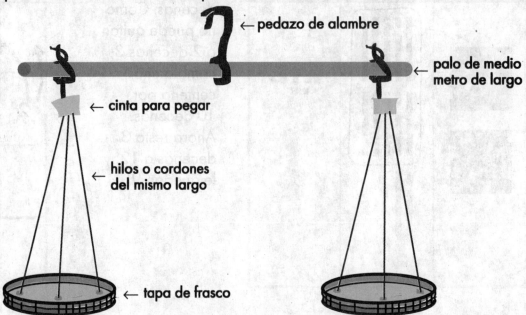

← pedazo de alambre

← palo de medio metro de largo

← cinta para pegar

hilos o cordones del mismo largo

← tapa de frasco

■ Coloquen 4 cajitas del mismo tamaño en una mesa frente al grupo. Llenen una cajita con arena, otra con semillas, otra con clavos y otra con papel. Forren las cajitas con papel y enumérenlas del 1 al 4.

■ Por turnos, cada niño pasa al frente del salón. Toma dos cajitas en cada mano y dice cuál cree que pesa más.

El niño escribe en su cuaderno lo que hizo y anota el número de la cajita que cree que pesa más.

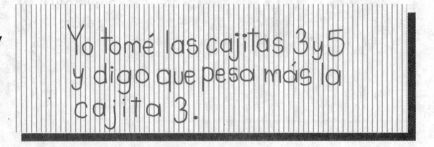

Yo tomé las cajitas 3 y 5 y digo que pesa más la cajita 3.

■ Para ver si lo que anotaron en sus cuadernos es correcto, usen la balanza para comparar el peso de las cajitas.

■ Coloquen la balanza en equilibrio.
Pongan en cada platillo de la balanza una cajita. Anoten en la tabla cuál de las dos cajitas pesa más.

Cajitas que se comparan	Cajita que pesa más
1 y 2	
1 y 3	
1 y 4	
2 y 3	
2 y 4	
3 y 4	

■ Si coincide lo que escribiste en tu cuaderno con lo que anotaste en la tabla, ponte una palomita.

■ Fíjate en la tabla y contesta.

De los números que anotaste en la tabla, ¿cuál es el que se repite más?_____

¿Qué crees que tiene adentro esa cajita?_____

¿Qué crees que tenga adentro?
La cajita 1 _____
La cajita 2 _____
La cajita 3 _____
La cajita 4 _____

■ Destapen las cajitas y vean si le atinaron. Comenten con el grupo y tu maestro: por qué si todas las cajitas son del mismo tamaño, no pesan lo mismo.

■ Guarden la balanza en el Rincón de las matemáticas.

Resuelve los siguientes problemas.

■ ¿Qué tiene mayor descuento, el pantalón de niña o el suéter para niño? _____

¿Qué tiene menor descuento, la camisa o el pantalón de adulto? _____

■ Andrés compró 2 camisas para niño y 2 pantalones de niña. ¿Cuánto dinero ahorró con la oferta? _____

■ Rodolfo tiene 30 pesos. ¿Cuántos pares de calcetas puede comprar en el almacén? _____

■ Erick quiere comprar, de la ropa de adulto, 4 pares de calcetas, un suéter y 2 playeras .
Lleva 230 pesos. ¿Le alcanza para todo lo que quiere comprar? _____

■ Federico lleva 245 pesos para comprar ropa a sus hijos Iván y Estefanía.
¿Qué puede comprarles en el almacén? _____
_____
_____
_____

■ Con los datos del dibujo inventa otros problemas, escríbelos y resuélvelos en tu cuaderno.

■ Con el grupo y tu maestro, comenten todos los problemas y la manera cómo los resolvieron.

El cuadro de multiplicaciones

■ Tonatiuh construye un **Cuadro de multiplicaciones** para ahorrarle trabajo a los empacadores de chocolates. En el Cuadro de multiplicaciones que aparece abajo, los números de la franja café indican la cantidad de paquetes y los números de la franja rosa indican la cantidad de chocolates que tiene cada paquete. En los cuadritos vacíos se anota el total de chocolates.

A Tonatiuh le salen las siguientes tarjetas y calcula el total de chocolates.

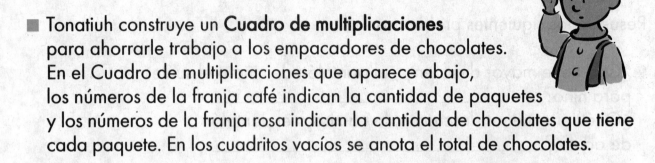

4 paquetes   **3** chocolates   4 X 3 = 12

■ Tonatiuh coloca una parte del señalador abajo del número 4 de la franja café y la otra parte del señalador la coloca a un lado del número 3 de la franja rosa. En el cuadro de la esquina, como se ve en el dibujo, anota el resultado que es 12.

X	0	1	2	3		5	6	7	8	9	10
0											
1											
2											
3											
4				12							
6											
7											
8											
9											
10											

■ Toma del Rincón de las matemáticas tu **Señalador**.
En tu **Cuadro de multiplicaciones** vacío, anota los resultados de las
siguientes cuentas. Usa tu **Señalador** como lo hizo Tonatiuh.

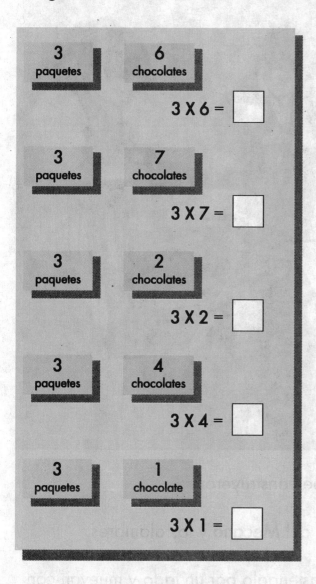

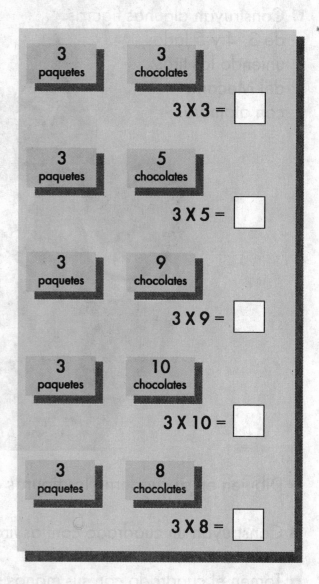

En el renglón del 3, ¿te quedó la serie de 3 en 3? _____

■ Durante los siguientes días, al empezar la clase de matemáticas, vayan
llenando su **Cuadro de multiplicaciones**. Resuelvan un renglón por día.

■ Tomen del Rincón de las matemáticas sus tiras del **Mecano** y pedacitos de alambre delgado. Formen equipos de 4 niños.

■ Construyan algunas figuras de 3, 4 y 5 lados, uniendo las tiras del **Mecano** con alambre.

■ Dibujen en su cuaderno las figuras que construyeron.

■ Construyan un cuadrado con las tiras del **Mecano** y los alambres.

■ Tomen el cuadrado con sus manos, sosténgalo por un lado y muevan con un dedo los otros lados. Tengan cuidado de que los lados no se despeguen ni se doblen.
¿Cambió la forma de la figura? _____ La figura que obtuvieron ya no es un cuadrado. ¿Cómo se llama? _____

■ En el dibujo, escribe el nombre de cada figura.

¿Cambia el tamaño de los lados cuando el cuadrado se transforma en rombo?_____
¿Qué es lo que cambia?

_____

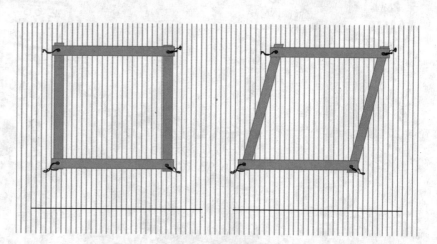

■ Construyan un rectángulo con las tiras del **Mecano** y los alambres.
¿Se puede cambiar la forma de la figura?_____
La figura que obtuvieron ya no es un rectángulo, ¿cómo se llama?

_____

■ En el dibujo, escribe el nombre de cada figura.

¿Cambia el tamaño de los lados cuando el rectángulo se transforma en romboide?_____
¿Qué es lo que cambia?

_____

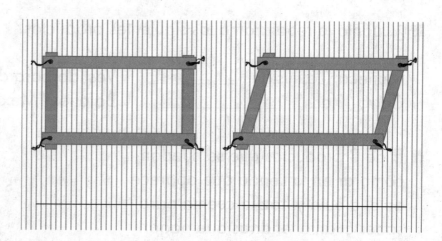

■ Construyan un triángulo con las tiras del **Mecano** y los alambres.
¿Se puede cambiar la forma de la figura? _____

Estamos de barata

■ Lupita quiere comprar una muñeca "La ilusión" y un juego de té "La copita". Aún no tiene dinero. ¿Cuánto tiene que ahorrar para comprarse estas cosas?

■ ¿Cuánto le rebajaron a los siguientes productos?

Muñeca "La ilusión" _____   Vestido para dama "Gala" _____
Carro "Flash" _____   Balones "México 94" _____

■ Elige 3 productos que se puedan comprar en la tienda que aparece en el dibujo y haz la cuenta para saber cuánto tendrías que pagar.

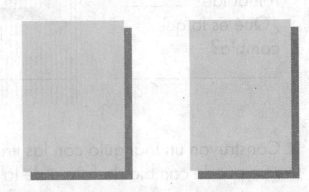

■ Repite la actividad con otros 3 productos de la tienda.

■ Completa la red para saber lo que vendió don Refugio de su cosecha.

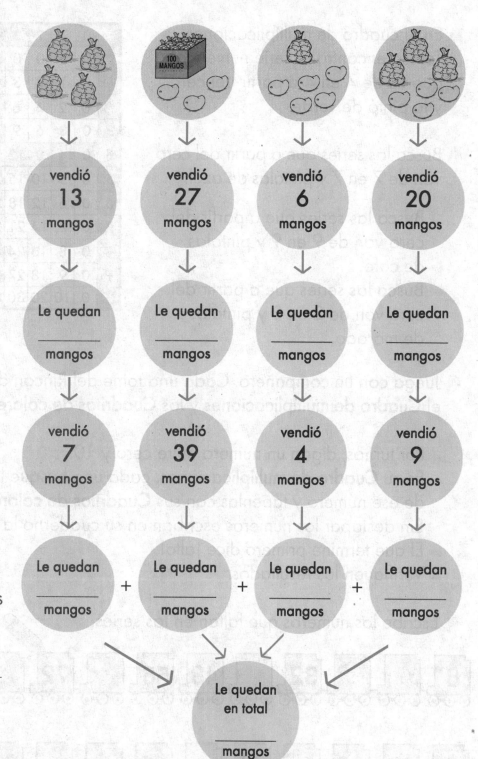

vendió **13** mangos	vendió **27** mangos	vendió **6** mangos	vendió **20** mangos
Le quedan _____ mangos	Le quedan _____ mangos	Le quedan _____ mangos	Le quedan _____ mangos
vendió **7** mangos	vendió **39** mangos	vendió **4** mangos	vendió **9** mangos
Le quedan _____ mangos	Le quedan _____ mangos	Le quedan _____ mangos	Le quedan _____ mangos

¿Cuántos mangos vendió en total don Refugio?

_____

Le quedan en total _____ mangos

■ Con la ayuda de tu maestro inventen otra red.

Busca las series

■ En el cuadro de multiplicaciones Teresa encontró la serie numérica que va de 4 en 4 a partir del cero y la pintó de verde.

■ Busca las series que a partir del cero van de 7 en 7 y píntalas de azul.

  ▬ Busca las series que a partir del cero van de 9 en 9 y píntalas de café.

  ▬ Busca las series que a partir del cero van de 2 en 2 y píntalas de morado.

X	0	1	2	3	4	5	6	7	8	9	10
0	0	0	0	0	0	0	0	0	0	0	0
1	0	1	2	3	4	5	6	7	8	9	10
2	0	2	4	6	8	10	12	14	16	18	20
3	0	3	6	9	12	15	18	21	24	27	30
4	0	4	8	12	16	20	24	28	32	36	40
5	0	5	10	15	20	25	30	35	40	45	50
6	0	6	12	18	24	30	36	42	48	54	60
7	0	7	14	21	28	35	42	49	56	63	70
8	0	8	16	24	32	40	48	56	64	72	80
9	0	9	18	27	36	45	54	63	72	81	90
10	0	10	20	30	40	50	60	70	80	90	100

■ Juega con un compañero. Cada uno tome del Rincón de las matemáticas el **Cuadro de multiplicaciones** y los **Cuadritos de colores**.

  ▬ Por turnos, digan un número entre cero y 10.
  ▬ En su **Cuadro de multiplicaciones**, cada uno busque las dos series de ese número y tápenlas con sus **Cuadritos de colores**.
  ▬ Sin destapar los números escriban en su cuaderno la serie.
  ▬ El que termine primero dice ¡alto!
  ▬ Verifiquen los resultados.

■ Escribe los números que faltan en las series.

8 — — 32 — 48 56 — 72 —

12 18 — 30 — 42 — — 60

■ Busca, en el Cuadro de multiplicaciones de la derecha, los números rojos que aparecen en la tabla de abajo. Píntalos de rojo como aparece en el ejemplo.

X	0	1	2	3	4	5	6	7	8	9	10
0	0	0	0	0	0	0	0	0	0	0	0
1	0	1	2	3	4	5	6	7	8	9	10
2	0	2	4	6	8	10	12	14	16	18	20
3	0	3	6	9	12	15	18	21	24	27	30
4	0	4	8	12	16	20	24	28	32	36	40
5	0	5	10	15	20	25	30	35	40	45	50
6	0	6	12	18	24	30	36	42	48	54	60
7	0	7	14	21	28	35	42	49	56	63	70
8	0	8	16	24	32	40	48	56	64	72	80
9	0	9	18	27	36	45	54	63	72	81	90
10	0	10	20	30	40	50	60	70	80	90	100

■ Observa el Cuadro de multiplicaciones. ¿Cómo quedaron ubicados los números que pintaste de rojo? Usa tu **Señalador** y llena la tabla de abajo.

Para llegar a		Número de brincos		Tamaño del brinco
25	=	5	X	5
64	=		X	
49	=		X	
16	=		X	
4	=		X	

Para llegar a		Número de brincos		Tamaño del brinco
1	=		X	
9	=		X	
81	=		X	
100	=		X	
36	=		X	

■ Copia otra casita igual y píntala.

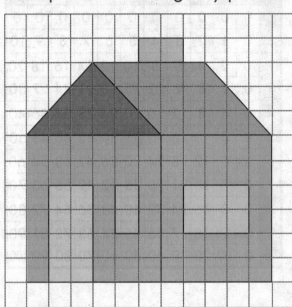 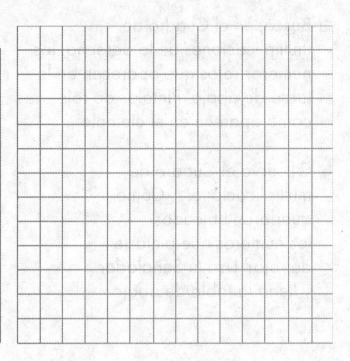

¿De qué color es el rectángulo al que le caben 8 cuadritos?_____

■ En el cuadrado de la izquierda, pinta con diferentes colores un mosaico.

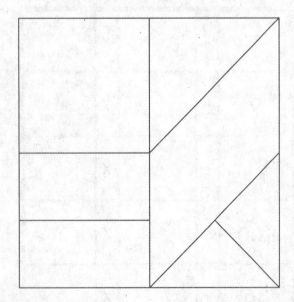 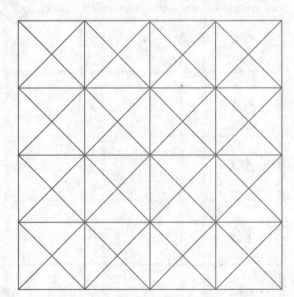

■ Copia en el cuadrado de la derecha el mosaico que hiciste.

■ Adivina qué número soy.

El número que va después de mí tiene tres cifras.
El número que va antes de mí sólo tiene dos.
Me gustan tanto los ceros que hasta tengo dos.

Soy de tres cifras y me gusta repetir las cosas.
Todas mis cifras son iguales.
La primera está entre el siete y el nueve.

Soy un número menor que cien y mayor que cincuenta.
La mitad de mí es el número treinta.

Soy de tres cifras y termino en veinticinco.
Mi primera cifra es el tres.

Tengo tres cifras. Me encuentras si multiplicas el diez por el nueve, le sumas diez y luego cinco.

Me encontrarás si sumas varias veces el cien.
Soy de tres cifras y comienzo con el seis.

Reutiliza la basura

- La basura orgánica puede tardar en desintegrarse de 2 a 4 semanas y la inorgánica, ¡de 100 a 500 años, o más!
  ¿Sabes por qué a un tipo de basura se le llama orgánica y a otro inorgánica? _____

- Comenten con el grupo y tu maestro cuál es la basura orgánica y cuál la inorgánica.

Escribe el nombre de cada tipo de basura que hay en los dibujos.

Basura _____   Basura _____

- Para aprovechar algunos materiales de desecho, aprende a forrar cajas y úsalas para guardar cosas.

  — Toma una caja que no uses, quítale la tapa y marca en un pliego de papel el contorno de todas las partes planas.
  — Recorta el pliego por el contorno marcado y pégalo, por afuera, a las partes planas de la caja.

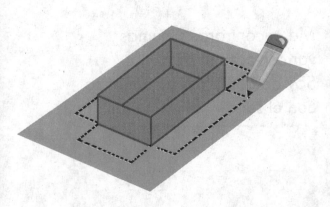

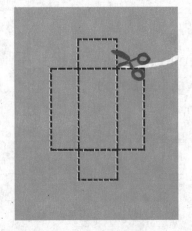

■ Relaciona cada caja con el forro que le corresponde.

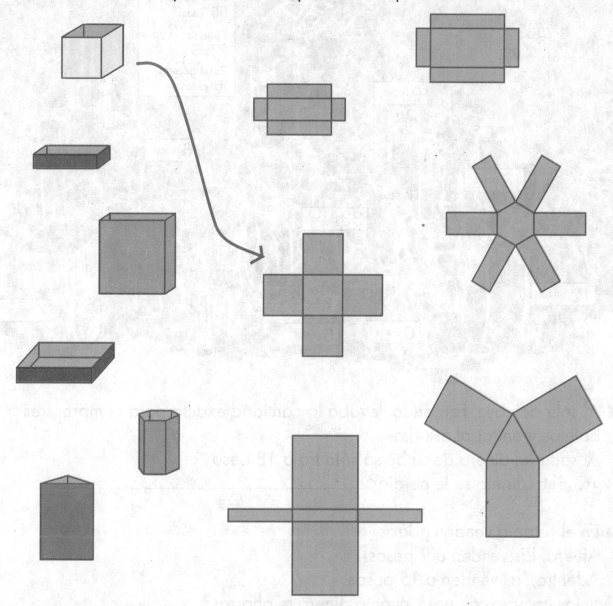

■ Las partes planas de la caja roja, ¿son todas de la misma forma?_____
¿Qué forma tienen?_____

■ Las partes planas de la caja verde, ¿son todas de la misma forma?_____
¿Qué forma tienen?_____

¡Vamos al futbol!

■ Al salir de casa, Fernando llevaba la cantidad exacta para comprar tres boletos y entrar al estadio.
Al sacar el dinero de su bolsa sólo traía 18 pesos.
¿Cuánto dinero se le perdió? _____

■ En el estadio venden gorras.
Afuera, las venden a 9 pesos.
Adentro, las venden a 15 pesos.
Si las compras afuera, ¿cuánto dinero te ahorras? _____

■ Luis compró dos cosas en la entrada del estadio y gastó 23 pesos.
Compró una playera. ¿Qué otra cosa compró?_____

■ Con los datos del dibujo resuelve los problemas que te dicte tu maestro.

¿Cuál es la cuenta?

■ Si en una caja hay 57 jitomates y 39 están podridos, ¿cuántos jitomates sirven?

Cuatro niños anotaron las siguientes cuentas para resolver el problema.

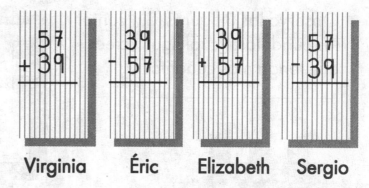

Virginia   Éric   Elizabeth   Sergio

¿Qué niño escribió la cuenta correcta? _____
Resuelve la cuenta.

■ En la feria Enrique le atinó 6 veces a una botella que vale 4 puntos. ¿Cuántos puntos ganó?_____
Ahora los niños anotaron las siguientes cuentas.

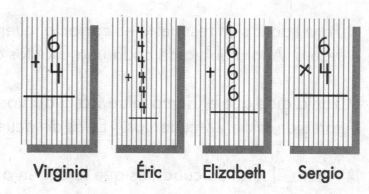

Virginia   Éric   Elizabeth   Sergio

¿Qué niños escribieron la cuenta correcta?_____
Resuelve la cuenta.

■ La señora Bárbara perdió en su casa 15 pesos y en el mercado 6 pesos. ¿Cuánto dinero perdió en total?

Los niños anotaron las siguientes cuentas.

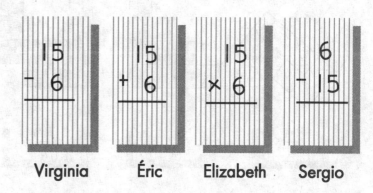

Virginia   Éric   Elizabeth   Sergio

¿Qué niño escribió la cuenta correcta? _____
Resuelve la cuenta.

■ Observa las 3 figuras. Sin contar los cuadritos, ¿cuál figura crees que tenga más cuadritos?

_____

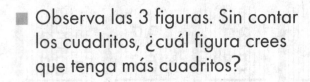
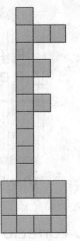
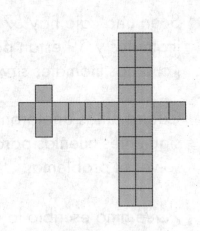
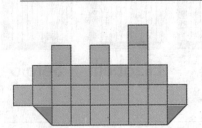

_____   _____   _____

■ Para saber si tu respuesta es correcta, cuenta los cuadritos que tiene cada figura. Anota abajo de cada una cuántos cuadritos tiene.

■ Tania dice que el barco mide 26 cuadritos y 2 triángulos, pero que también mide 27 cuadritos. ¿Estás de acuerdo?_____

■ Anota el total de cuadritos que le caben a cada una de las siguientes figuras.

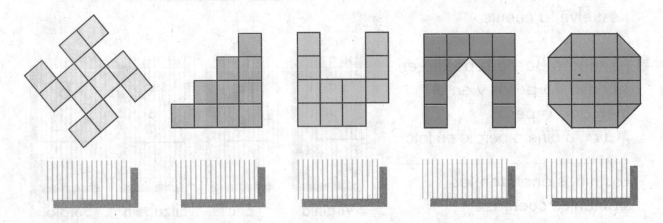

¿De qué color es la figura que mide 11 cuadritos?_____
¿De qué color es la figura a la que le caben menos cuadritos?_____

■ Pinta 4 hexágonos azules, 5 hexágonos rojos y los 4 triángulos anaranjados que faltan.

■ ¿Cuántos triángulos se ven en 4 hexágonos? _____

■ Toma del Rincón de las matemáticas tu **Cuadro de multiplicaciones**. Formen equipos de cuatro niños.

— Un niño coloca una piedrita en su **Cuadro de multiplicaciones**, sin que sus compañeros vean. Esa piedrita es el submarino.

— El niño dice al equipo el número donde colocó el submarino.

— Los niños del equipo anotan el número en la tabla de abajo.

— Buscan en su **Cuadro de multiplicaciones** todas las veces que aparece ese número y anotan en la tabla todas las multiplicaciones donde pueda estar el submarino.

— Por turnos, dicen las multiplicaciones que anotaron.

— El niño que puso el submarino dice en qué multiplicación está colocado el submarino.

— Encierran en un círculo la multiplicación donde estaba el submarino.

El submarino está en el número	Multiplicaciones		
16	4 X 4	2 X 8	8 X 2

— Continúan así hasta que todos hayan colocado un submarino en su **Cuadro de multiplicaciones**.

Jesús quiere poner sus submarinos en los números 18, 20, 24 y 40. Localiza en tu **Cuadro de multiplicaciones** los lugares donde pueden estar los submarinos.

18 = ☐ X ☐   20 = ☐ X ☐

18 = ☐ X ☐   20 = ☐ X ☐

18 = ☐ X ☐   20 = ☐ X ☐

18 = ☐ X ☐   20 = ☐ X ☐

24 = ☐ X ☐   40 = ☐ X ☐

24 = ☐ X ☐   40 = ☐ X ☐

24 = ☐ X ☐   40 = ☐ X ☐

24 = ☐ X ☐   40 = ☐ X ☐

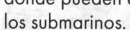

La mamá de Tonatiuh

Tonatiuh quiere saber cuántas cosas compró su mamá. Usa su **Cuadro de multiplicaciones** para resolver los problemas.

Ruthy, la mamá de Tonatiuh, compró 5 cajas de vasos.

¿Cuántos vasos compró? _____

Tonatiuh tiene que resolver la multiplicación 5 X 8, para saber cuántos vasos compró su mamá.

¿Estás de acuerdo? _____

Tonatiuh coloca su **Señalador** en el **Cuadro de multiplicaciones**.

El número que queda en la esquina del **Señalador** es el resultado de la multiplicación 5 X 8. De esta manera Tonatiuh sabe que su mamá compró 40 vasos.

X	0	1	2	3	4	5	6	7	8		10
0	0	0	0	0	0	0	0	0	0		0
1	0	1	2	3	4	5	6	7	8		10
2	0	2	4	6	8	10	12	14	16		20
3	0	3	6	9	12	15	18	21	24		30
4	0	4	8	12	16	20	24	28	32		40
5	0	5	10	15	20	25	30	35	40		50
											60
7	0	7	14	21	28	35	42	49	56	63	70
8	0	8	16	24	32	40	48	56	64	72	80
9	0	9	18	27	36	45	54	63	72	81	90
10	0	10	20	30	40	50	60	70	80	90	100

5 X 8 = 40 **vasos**

■ Resuelve los siguientes problemas, como lo hizo Tonatiuh. Usa tu **Cuadro de multiplicaciones** y tu **Señalador**.

La mamá de Tonatiuh compra 2 cajas de refrescos. ¿Cuántos refrescos compra?

2 X 6 = ‖‖‖‖‖ refrescos.

La mamá de Tonatiuh compra 4 cajas de dulces de tamarindo. ¿Cuántos dulces compra?

4 X 9 = ‖‖‖‖‖ dulces de tamarindo.

La mamá de Tonatiuh compra 5 bolsas de panqués. ¿Cuántos panqués compra?

5 X 2 = ‖‖‖‖‖ panqués.

La mamá de Tonatiuh compra 6 bolsas de pastelitos. ¿Cuántos pastelitos compra?

6 X 3 = ‖‖‖‖‖ pastelitos.

■ Inventa otros problemas con los datos del dibujo y resuélvelos en tu cuaderno. Usa tu **Cuadro de multiplicaciones** para hacer las cuentas.

La figura escondida

■ Organícense con su maestro para realizar el siguiente juego.

– Cada equipo de cuatro niños toma del Rincón de las matemáticas las **Figuras geométricas**.

– El maestro también toma un paquete de **Figuras geométricas**.

– El maestro esconde una figura de las que él tiene, sin que el grupo vea qué figura tomó.

– Por turnos, cada equipo hace una pregunta al maestro para adivinar cuál es la figura escondida.

– Sólo deben hacerse preguntas que se puedan contestar con un *sí* o un *no*.

– Después de ocho preguntas los equipos dicen al grupo cuál figura creen que está escondida.

– Los equipos eligen de entre sus figuras, la que crean que está escondida.

– Ganan los equipos que adivinen.

– El maestro esconde otra figura y continúan jugando.

BLOQUE *cinco*

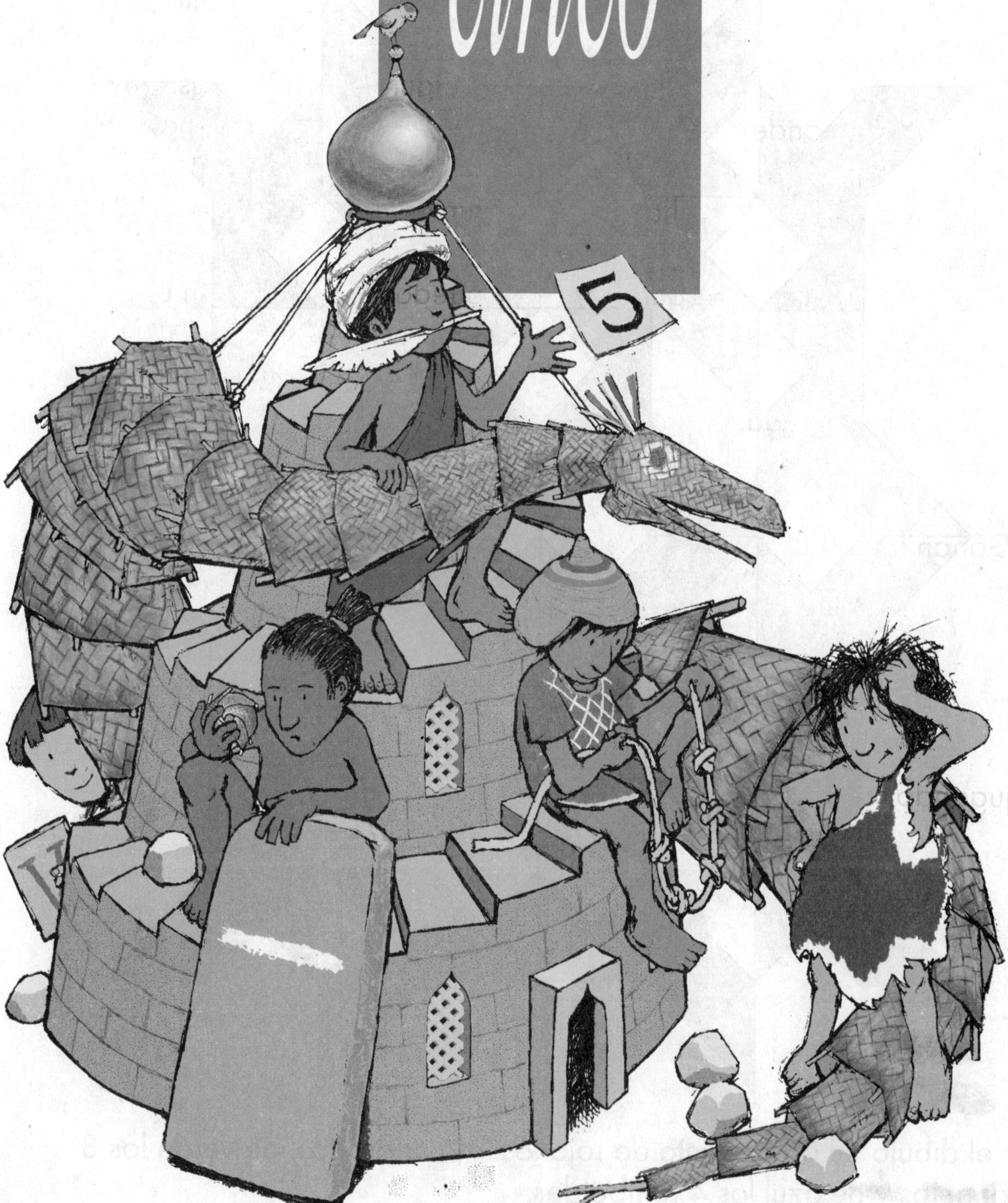

★ Toma del Rincón de las matemáticas **Las gallinas** y construye una carpeta más grande.

★ En el dibujo de arriba pinta de rojo los 14 cuadrados, de verde los 8 triángulos y de azul los 4 romboides.

★ Formen equipos de cuatro niños. Con un palo de escoba van a construir una regla.

★ Marquen en el palo las veces que cabe el borrador del pizarrón.
Numeren las marcas para que tengan una regla.
Si sobra un pedazo de palo, córtenlo.

| 1 | 2 | 3 | 4 |

★ Midan el largo del salón con la regla que hicieron.
¿Cuántos palos de escoba mide el largo del salón? _____
¿El palo de escoba cupo un número exacto de veces en el largo del salón? _____ Si no fue así, completen la medida usando las medidas del borrador marcadas en la regla.

★ Midan otras distancias con la regla de palo de escoba. Si es necesario, completen la medida usando las medidas del borrador marcadas en la regla. Escriban en la tabla sus resultados.

Voy a medir la distancia entre	La medida es
la puerta y el árbol	5 palos de escoba y 3 borradores

★ Cipriano sembró una nopalera.

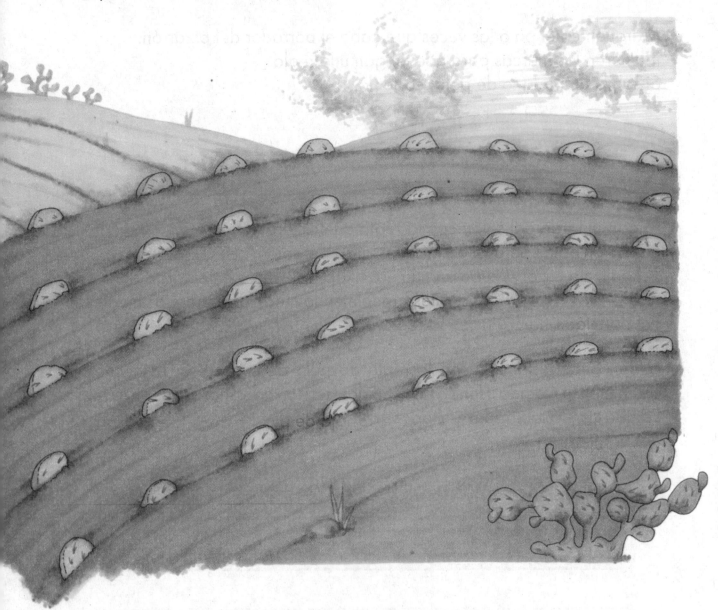

━ ¿Cuántas hileras de nopales sembró?_____

━ ¿Cuántos nopales hay en cada hilera?_____

━ ¿Cuántos nopales hay en total?_____

━ Cipriano sembró una nopalera de 5 X 8. ¿Estás de acuerdo?_____
¿Por qué?_____

★ Jesús y sus hermanos sembraron una nopalera de 4 X 10 nopales.

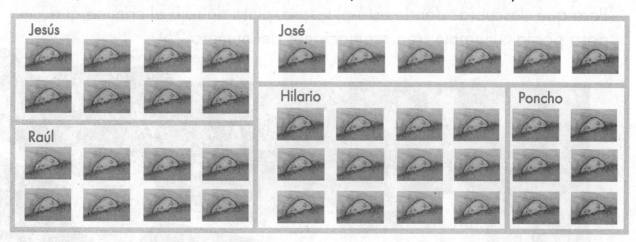

- ¿Quién sembró 2 X 4 nopales?_____
- ¿Quién sembró 6 nopales?_____
- ¿Quién sembró más nopales?_____
- ¿Cuántos nopales sembraron en total Jesús y sus hermanos?_____

★ Dibuja en tu cuaderno una nopalera que tenga 18 nopales.

★ Javier dibujó una nopalera, pero una hoja de papel está tapando parte del dibujo.

- ¿Cuántos nopales dibujó Javier en total?

_____

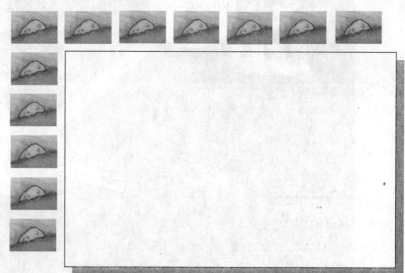

★ Ningún pirata ha podido encontrar el tesoro del pirata Barba Coa. Para que descubras dónde está el tesoro, pinta de rojo el camino que pasa por las diferentes representaciones del número 250.

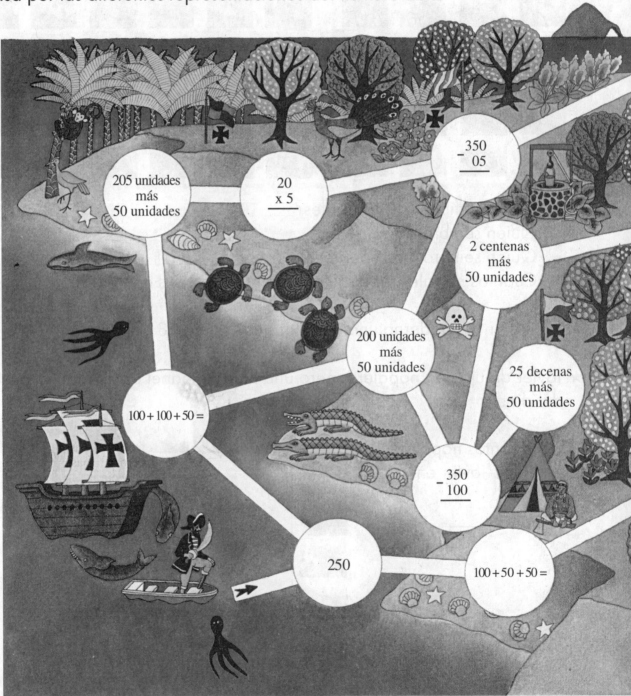

205 unidades más 50 unidades

20 x 5

350 − 05

2 centenas más 50 unidades

200 unidades más 50 unidades

25 decenas más 50 unidades

100 + 100 + 50 =

350 − 100

250

100 + 50 + 50 =

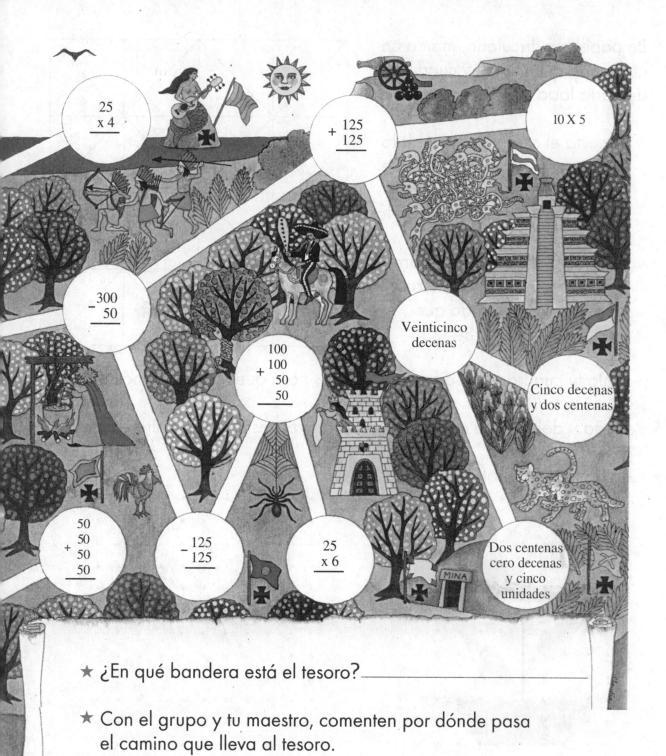

$$25 \times 4$$

$$+ \ \frac{125}{125}$$

$$10 \times 5$$

$$- \ \frac{300}{50}$$

$$+ \ \frac{\begin{array}{r}100\\100\\50\\50\end{array}}{}$$

Veinticinco decenas

Cinco decenas y dos centenas

$$+ \ \frac{\begin{array}{r}50\\50\\50\\50\end{array}}{}$$

$$- \ \frac{125}{125}$$

$$25 \times 6$$

Dos centenas cero decenas y cinco unidades

★ ¿En qué bandera está el tesoro? _____

★ Con el grupo y tu maestro, comenten por dónde pasa el camino que lleva al tesoro.

★ En papel cuadriculado, marca un cuadrado que mida 15 cuadritos de cada lado.

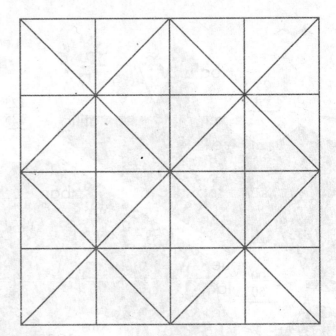

■ Recorta el cuadrado y dóblalo varias veces. Al doblarlo, fíjate que coincidan las orillas del papel. Repasa con tus dedos los dobleces.

■ Desdobla el cuadrado. Marca con tu regla todas las líneas que se ven en el cuadrado que aparece a la derecha.

■ Pinta tu cuadrado de diferentes colores para que formes un mosaico.

★ Recorta y dobla otros cuadrados para que pintes mosaicos diferentes.

★ Copia otra flor igual y píntala.

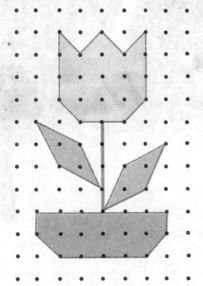

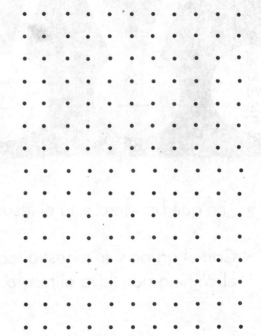

★ Con el grupo y tu maestro, realicen la siguiente actividad.

★ Tomen la balanza y clavos del mismo tamaño.

★ Pongan un lápiz en un platillo de la balanza. ¿Cuántos clavos tendrán que poner en el otro platillo para equilibrar la balanza? _____

★ Para que sepan si lo que acaban de contestar es correcto, pesen el lápiz en la balanza, utilizando un clavo como unidad de peso. Hagan lo siguiente:

    — Coloquen la balanza en equilibrio.
    — En un lado de la balanza pongan el lápiz.
    — En el otro lado, pongan todos los clavos que sean necesarios para volver a poner la balanza en equilibrio. ¿Cuántos clavos pesa el lápiz?

    _____

★ Escriban en su cuaderno el nombre de varios objetos pequeños que quieran pesar en la balanza. Pesen esos objetos y escriban cuántos clavos pesa cada uno.

Las tunas

Luisito vende tunas en el mercado. Después de quitarles la cáscara las mete en bolsitas de plástico.

★ El lunes trajo 42 tunas y, en partes iguales, las repartió en 6 bolsitas. ¿Cuántas tunas puso en cada bolsa?

_____

¿Alguna bolsa quedó incompleta?

_____

★ El martes, Luisito puso 4 tunas en cada bolsa y llenó 8 bolsas. ¿Cuántas tunas trajo Luisito para vender?

_____

★ El miércoles, Luisito trajo 48 tunas y repartió todas las que se podían en 5 bolsitas. Todas las bolsitas quedaron iguales.

¿Cuántas tunas puso en cada bolsa?

_____

¿Le sobraron tunas afuera de las bolsas?

_____

★ El jueves, Luisito trajo 69 tunas y puso 8 tunas en cada bolsa.
¿Cuántas bolsas llenó Luisito con las 69 tunas?

_____

¿Alguna bolsa quedó incompleta? _____

★ El viernes, Luisito trajo 72 tunas y las repartió en 7 bolsitas. Le sobraron 2 tunas.
¿Cuántas tunas puso en cada bolsa?_____

*¿Qué día de la semana vendió Luisito las bolsas que tenían 7 tunas?

_____

157

★ En la escuela de Mayela festejaron el Día del Niño.
Usa tu **Cuadro de multiplicaciones** para resolver los siguientes problemas.

Al grupo de Mayela le tocaron los siguientes dulces. Completa las operaciones.

7 bolsas de caramelos   7 X ▯ = ▯ caramelos

8 bolsas de chicles   8 X ▯ = ▯ chicles

9 cajas de chocolates   9 X ▯ = ▯ chocolates

4 bolsas de globos   4 X ▯ = ▯ globos

★ Las bolsas de globos costaron 9 pesos y las de serpentinas 7 pesos. Si la escuela compró 7 bolsas de globos y 7 bolsas de serpentinas, ¿en qué se gastó más, en los globos o en las serpentinas? _____ ¿Cuántos globos compraron? _____
¿Cuántas serpentinas compraron? _____

★ Fany ayudó a repartir los dulces. La maestra le dio 18 dulces para que repartiera en partes iguales a 6 de sus compañeros. ¿Cuántos dulces le tocaron a cada niño? _____

★ Al grupo de primero le tocaron 4 bolsas de bombones. Hay 32 alumnos. ¿Alcanzan los bombones para que a cada uno le toquen 2 bombones? _____

★ Al grupo de Misael le tocó adornar los gorros. En cada gorro pegaron 6 estrellas y 4 lunas. Misael adornó 7 gorros.
¿Cuántas estrellas usó? _____
¿Cuántas lunas usó? _____

Si Jorge tenía 24 estrellas, ¿cuántos gorros adornó? _____

Si Javier tenía 18 lunas, ¿cuántos gorros adornó? _____

★ Trabajen en parejas. Tomen una cajita con tapa.

★ Tracen sobre una hoja de papel el contorno de todas las partes planas que tiene la cajita.

Por ejemplo, para la cajita verde que está en medio, pueden trazar cualquiera de las figuras dibujadas u otras.

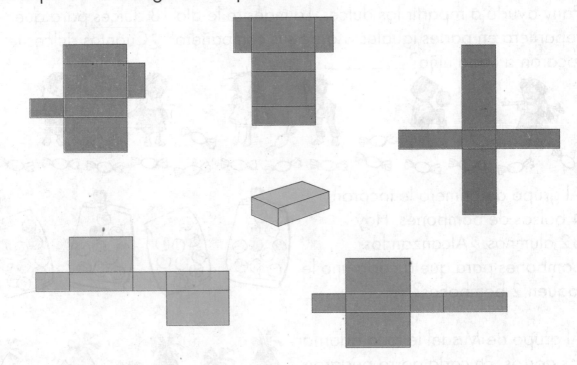

★ Recorten la figura que dibujaron y péguenla en las partes planas que corresponden de la cajita.

★ Tomen otra cajita y repitan la actividad.

Las tiras de tres colores

★ Pinta las tiras que faltan. Sigue el orden de los colores: primero amarillo, luego azul y después café.

★ ¿De qué color es la tira que tiene más cuadritos?_____
¿Cuántos cuadritos tiene?_____

Domingo, el albañil

★ A Domingo, el albañil, lo contratan para poner mosaicos. ¿Cuántos mosaicos usó Domingo en cada pared?

_____

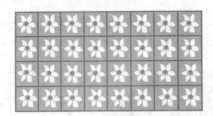

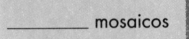 _____ mosaicos

_____ mosaicos

★ Con el grupo y tu maestro, comenta lo siguiente: Tonatiuh dice que en la pared de margaritas hay 32 mosaicos y que esto lo supo resolviendo la multiplicación 4 X 8 ¿Estás de acuerdo?_____
¿Por qué? _____

★ Anota la multiplicación que le corresponde a cada pared.

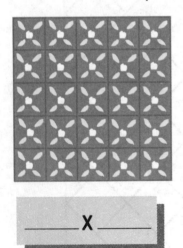

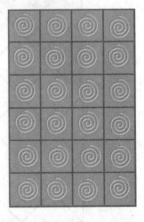

_____ X _____

_____ X _____

_____ X _____

¿En cuál de las tres paredes hay más mosaicos? _____

★ Domingo colocó dos hileras de mosaicos en cada pared. ¿Cuántos mosaicos en total va a tener cada pared? _____

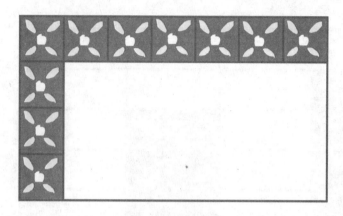

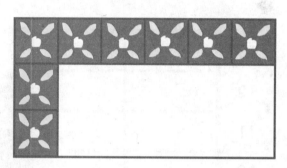

_____ X _____ = _____

_____ X _____ = _____

★ En la cuadrícula dibuja paredes diferentes que tengan 12 mosaicos, cada una.

★ Dibuja en tu cuaderno cuadriculado diferentes paredes que tengan en total: 20, 24, 36 y 18 mosaicos. Busca en tu **Cuadro de multiplicaciones** los números anteriores. ¿Se pueden dibujar otras paredes, además de las que ya hiciste? _____

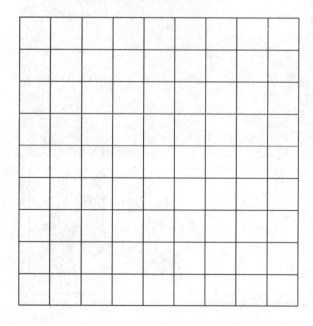

★ En el grupo de Tonatiuh, votaron para saber cuál es el animal que más les gusta. En el cuadro aparece el registro de la votación.

	13						
12							
11							
10							
9							
8							
7							
6							
5							
4							
3							
2							
1							

★ Según la votación del grupo de Tonatiuh. ¿Cuántos votos tuvo el animal que más les gustó?

_____

¿Cuántos votos tuvo el animal que menos les gustó? _____

¿Cuántos votos le faltaron al tigre para tener los mismos votos que el elefante?_____

¿Qué animal recibió el doble de votos que los que recibió la jirafa?_____

Si la ardilla hubiera recibido 8 votos menos, ¿con cuál animal hubiera empatado?

_____

★ Escribe ordenadamente los nombres de los animales, según la cantidad de votos que recibieron. _____

_____

_____

★ Organicen, como en el grupo de Tonatiuh, una votación con los mismos animales. Cada uno trace una tabla en su cuaderno para registrar los puntos. Sólo se puede votar una vez. Al final, comparen los resultados de la votación.

★ Con el grupo y tu maestro, comenten lo siguiente: en cada dibujo, qué se mide, cómo se mide y con qué se mide.

¿Cómo le hace el lechero para saber cuánta leche va a despachar?

_____

_____

¿La señora pesa los frijoles para venderlos o los vende por latas de sardina?

_____

_____

¿Qué toma en cuenta el albañil para saber cuánto va a cobrar por poner los azulejos?

_____

_____

¿Cómo le hace la maestra para saber cuál es la estatura de su alumno?

_____

_____

★ Toma del Rincón de las matemáticas el **Tangram** y construye un trapecio como se ve en el dibujo.

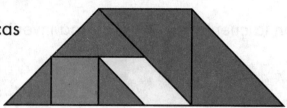

★ Mueve solamente un triángulo grande del trapecio y transfórmalo en un rectángulo.

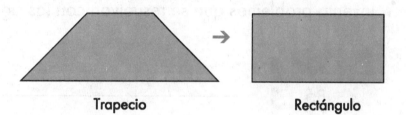

Trapecio   Rectángulo

★ Mueve solamente un triángulo grande del rectángulo y transfórmalo en un romboide.

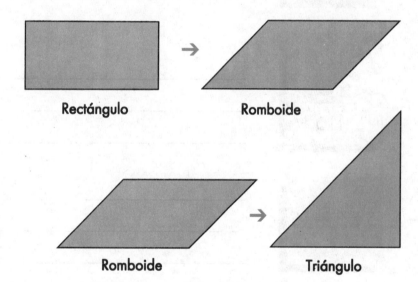

Rectángulo   Romboide

★ Mueve solamente un triángulo grande del romboide y transfórmalo en un triángulo.

Romboide   Triángulo

★ Mueve los dos triángulos grandes del triángulo y transfórmalo en un cuadrado.

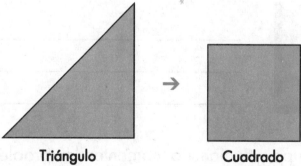

Triángulo   Cuadrado

★ Con la cuenta 8 x 4 = 32, Ana inventó un problema.

8 X 4 = 32

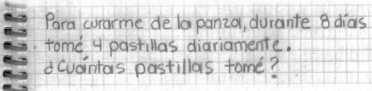

Para curarme de la panza, durante 8 días tomé 4 pastillas diariamente. ¿Cuántas pastillas tomé?

★ Inventa problemas que se resuelvan con las siguientes cuentas.

37
+ 85
___
122

_____

_____

_____

125
- 15
___
110

_____

_____

_____

5 X 3 = 15

_____

_____

_____

235
+123
___
358

_____

_____

_____

★ Con el grupo y tu maestro, comenten los problemas que inventaron.

En tu cuaderno anota la cuenta con la que se soluciona cada problema y resuélvela.

★ La señora Lupita compra en el mercado 5 kilos de aguacates y 4 kilos de papas. ¿Cuánto gastó la señora Lupita en total? _____

★ El señor que transporta bultos llevó 40 bultos en un viaje y 28 bultos en otro viaje. ¿Cuántos bultos transportó en los dos viajes? _____

★ Doña Adela vendió 43 piñas maduras y 25 verdes. ¿Cuántas piñas vendió? _____

★ El resultado de los 3 problemas es 68. ¿En qué son distintos los resultados? Coméntalo con el grupo y tu maestro.

★ Inventa otros problemas con la información de la ilustración y resuélvelos en tu cuaderno.

La cuadrícula de margaritas

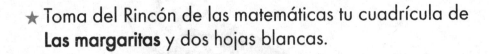

★ Toma del Rincón de las matemáticas tu cuadrícula de **Las margaritas** y dos hojas blancas.

Fíjate cómo tapa Tonatiuh con dos hojas de papel la cuadrícula de **Las margaritas**, para obtener la pared de mosaicos 6 X 2 y la pared de mosaicos 2 X 6.

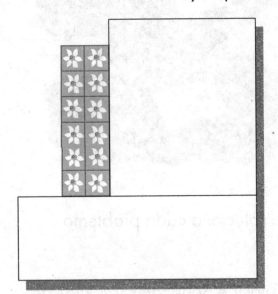

Pared de mosaicos 6 X 2

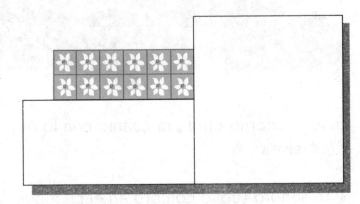

Pared de mosaicos 2 X 6

¿Cuántas margaritas hay en cada una de las paredes? _____

★ Forma en tu cuadrícula de **Las margaritas** las siguientes paredes de mosaicos. Escribe si la pared tiene la forma de un rectángulo o de un cuadrado.

8 X 4

_____

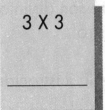

3 X 3

_____

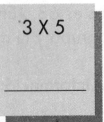

3 X 5

_____

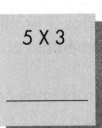

5 X 3

_____

5 X 5

_____

9 X 9	7 X 6	4 X 4	6 X 7
_____	_____	_____	_____

2 X 7	6 X 5	9 X 1	7 X 7
_____	_____	_____	_____

★ Con tu cuadrícula de **Las margaritas** forma ahora paredes rectangulares o cuadradas que tengan 24 margaritas, 12 margaritas, 36 margaritas y 20 margaritas.

¿Cuántas paredes diferentes hiciste con 36 margaritas?_____

★ Formen equipos de cuatro niños. En la tabla de la derecha juegen al Basta numérico con multiplicaciones. Se juega igual que el Basta numérico que ya jugaron con sumas y restas, pero ahora las cuentas son multiplicaciones.

	X 5	X 3	X 4	X 6	Resultados correctos

★ Toma del Rincón de las matemáticas las **Figuras geométricas**. Coloca el rectángulo sobre papel cuadriculado y marca el contorno. ¿Cuántos cuadritos completos le cupieron a tu rectángulo?_____

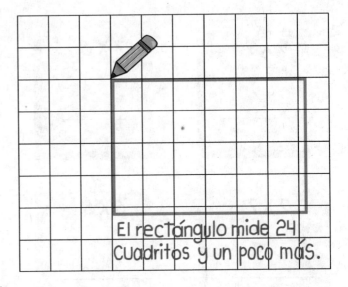

El rectángulo mide 24 cuadritos y un poco más.

★ De la misma manera, marca sobre papel cuadriculado el triángulo verde, el romboide, el círculo y el hexágono.

¿Cuántos cuadritos mide el triángulo verde?_____

¿Cuántos cuadritos mide el hexágono?_____

¿Cuál mide más cuadritos, el romboide o el círculo?_____

De todas las figuras que marcaste, ¿cuál mide más cuadritos?_____

★ Dibuja en la cuadrícula de la derecha 3 cuadrados. Uno que mida 9 cuadritos, otro que mida 16 cuadritos y otro que mida 25 cuadritos.

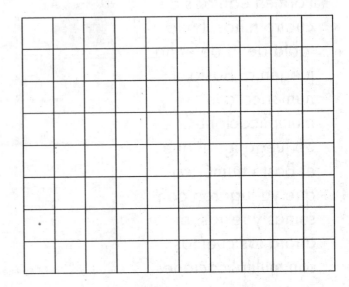

★ Al levantarse por la mañana Samuel mira hacia el Oriente. ¿Qué es lo que mira Samuel?

_____

★ Samuel sabe que al mirar hacia donde sale el sol por las mañanas está viendo el Oriente, que a su lado derecho está el Sur, que a su lado izquierdo está el Norte y que atrás de él está el Poniente.

★ Salgan al patio con su maestro. Todos miren hacia donde sale el sol por las mañanas.

¿Qué miran hacia el Norte?_____

¿Qué miran hacia el Sur?_____

¿Qué miran hacia el Oriente?_____

¿Qué miran hacia el Poniente?_____

★ Toma del Rincón de las matemáticas la **Cuadrícula numérica** y tus **Cuadritos de colores.**

Coloca un cuadrito rosa arriba del número 40 de la **Cuadrícula numérica**; al 40 quítale 4 y tapa con otro cuadrito rosa el número 36. Continúa así hasta que tapes el número 4.
Completa la cadena.

| 40 | 36 | | | | | | | | 4 |

★ Coloca en tu **Cuadrícula numérica** un cuadrito morado arriba del número 50; resta 5 y coloca otro cuadrito morado arriba del 45. Continúa así hasta que tapes el número 5.
Completa la cadena.

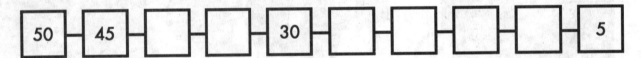

| 50 | 45 | | | 30 | | | | | 5 |

★ En tu **Cuadrícula numérica** construye otras series como la del 70 al 7, o la del 80 al 8.

★ Por turnos, con un compañero vayan diciendo qué números quedaron tapados en las series del 40 al 4, del 50 al 5 y del 70 al 7.

★ En parejas, realicen el siguiente juego.
Tomen del Rincón de las matemáticas su **Cuadro de Multiplicaciones**.

- Cada niño acomoda, sin que el compañero vea, 5 piedritas en su **Cuadro de Multiplicaciones**. Estas piedritas son los submarinos.
- Cada niño anota en un papelito en qué números están colocados sus submarinos. Intercambian los papelitos.
- Por turnos, un niño dice una multiplicación con la que pueda localizar algún submarino de su compañero.
- Si el resultado de la multiplicación coincide con el lugar donde está un submarino, el submarino se hunde y se quita la piedrita.
- Gana el que hunda primero todos los submarinos del otro niño.

Matemáticas

Segundo grado

Se imprimió por encargo de la
Comisión Nacional de Libros de Texto Gratuitos,
en el 45º aniversario de su creación,
en los talleres de Compañía Editorial Ultra, S.A. de C.V.
con domicilio en Centeno No. 162, local -2
Col. granjas Esmeralda, C.P. 09810, México, D.F.,
en el mes de agosto de 2004.
El tiraje fue de 2'924,300 ejemplares
más sobrantes para reposición.

Impreso en papel reciclado